Alexandra Wehner

SPUREN DES BÖSEN

Österreichs gefährlichste Verbrecher

UEBERREUTER

ISBN 978-3-8000-7310-8

Lektorat: Matthäus Salzer
Covergestaltung: Kurt Hamtil, Wien
Coverfoto: Heungman/Photex/zefa/Corbis

Druck: Druckerei Theiss, A-9431 St. Stefan i. L.
7 6 5 4 3 2 1

Ueberreuter im Internet: www.ueberreuter.at

**Für Melanie, Daniela, Sonja
und all die anderen Opfer.**

INHALT

9 … Vorwort
11 … »Komm mit mir, Melanie …«
19 … Die vielen Gesichter eines Dreifach-Mörders
27 … Der Regisseur des Todes
33 … Drei Morde in einer Nacht
39 … Das Todesdrama der kleinen Daniela
47 … Die junge Rivalin
55 … Mord im Blutrausch
63 … Entführung in den Tod
69 … Mord an einem Mörder
75 … »Papa, was ist mit der Mama los?«
83 … Der Serien-Mörder im Rotlicht
93 … Das tote Fotomodel
99 … Der zweite Mord des »Lebenslangen«
105 … Todesstiche im Gefängnis
111 … »Ich bin ein gefährlicher Mann …«
119 … Einsamer Tod im Christkindlwald
125 … Messermord im Klassenzimmer
131 … Tod eines Geiselgangsters
137 … Der Muttermörder
143 … »Aus Freude am Töten …«
151 … Teufel in Menschengestalt
159 … Danksagung
160 … Bildnachweis

VORWORT

Wie sagte bei einer erhitzten Debatte um den Terrorismus der berühmte Fernseh-Journalist Peter Scholl-Latour, angesichts neuester Opferzahlen und allzu gefühliger Erregung darüber, ganz nüchtern? »Der Mensch ist nicht gut.« Das müssen wir, allen humanistischen Sonntagspredigten zum Trotz, einfach zur Kenntnis nehmen. Ohne Mephisto kein Faust. Hamlet? Ein Serienkiller. Es waren Sternstunden des Kinos, als Anthony Perkins und Anthony Hopkins furchtbare Mörder spielten. Hannibal Lecter, der Menschenfresser – Kult! Schaltet man den Fernseher ein, fällt umstandslos die nächste Leiche ins Bild. Gern folgen wir der Spur des Bösen, die begann, als der erste Steinzeitmensch entdeckte, was man mit einer Keule alles machen kann, und dann zuschlug. Wobei »das Böse« ein bisschen unscharf wurde, seit es Präsidenten wie Bush ins Feld führen. Jedenfalls ist das Unmenschliche den Menschen nicht fremd.

Darüber lässt sich gebildet reden. Was dann übrig bleibt, ist die bekannte Kluft zwischen Wissen und Erfahrung. Wenn die Bluttat kein Krimi mehr ist oder Thema von Reportagen, sondern nebenan stattfindet und man sich persönlich konfrontieren muss, wie die Polizeireporterin Alexandra Wehner über viele Jahre hin, dann wird man zur Ikone der Branche. Wer es, wie die Wehner, schafft, nicht abzustumpfen, sondern verwundert zu bleiben über die Spielformen des Bösen; wer hinter den Sensationen der Tat nie die Opfer vergisst. Denn die Täter schreiben Kriminalgeschichte, die Opfer werden vergessen. Das verstößt gegen Wehners Prinzipien.

Die Wehner hat auch keine Angst, in die falsche Ecke gestellt zu werden, wenn sie immer wieder falsche Prognosen seitens der Psychotherapie anprangert. Zu viele Täter werden zu früh entlassen oder zu Freigängern und folgen nach vorbildlichem Verhalten als Häftling erneut der Spur ins Dunkel.

Der Mörder, der 1993 in Wien seiner Mutter den Kopf abschnitt, ihn in ihrer Boutique ausstellte, wurde sechs Jahre nach der

Tat als »geheilt« entlassen, durfte sogar seine Mutter beerben und wurde später in Ungarn mit gezücktem Messer wieder festgenommen. Wo er sich jetzt befindet, verrät die Justiz nicht, nur so viel: »Er lebt …«.

Alexandra Wehner lehren solche Fälle, wie sie dieses Buch beschreibt, schlicht das Fürchten. Was man gut nachvollziehen kann, auch wenn man die Resozialisierung als Möglichkeit nicht aus dem Blick verlieren will.

Die Wehner ist ein Phänomen, eine große Solistin ihres Gewerbes, die auch im boulvardesken Verbreitungsmodus nach persönlicher Überzeugung handelt. Schließlich weiß sie, was jeder Zeit passieren kann: Bei Anruf Mord.

Helmut Schödel
Autor verschiedener Bücher und schreibt für die »Süddeutsche Zeitung«

»KOMM MIT MIR, MELANIE ...«

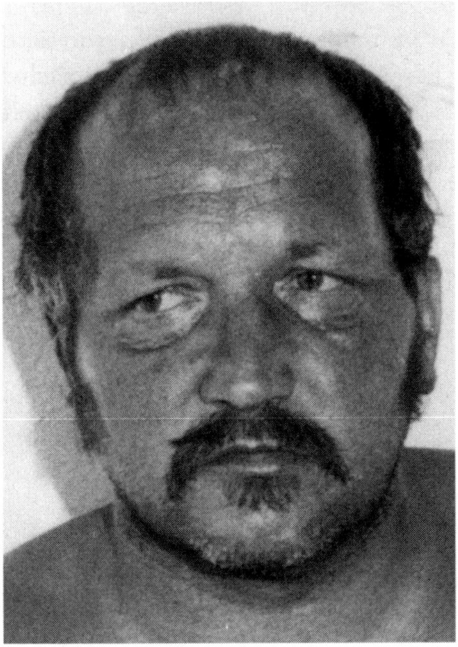

Einen bestialischen Mord verübt im Juli 1986 der 37-jährige Eckehard N., ein arbeitsloser Autolackierer und gerichtsbekannter Sexverbrecher: Im Schwimmbad in Marchtrenk (Oberösterreich) lockt er vor den Augen von Tausenden Badegästen ein sechsjähriges Mädchen mit einem Eis zum Kabinentrakt – und fällt in einer Toilette über sein wehrloses Opfer her. Er foltert und erwürgt das Kind, kann aber Stunden später noch im Bad verhaftet werden.

Eine enge Einzelzelle in der Sonderabteilung der Haftanstalt in Graz-Karlau: Es ist ein Sonntag Anfang Jänner 1988, als ein Wärter bei seinem routinemäßigen Kontrollgang gegen 16 Uhr auch diesen kleinen Haftraum betritt – und einen Toten findet. Am Fensterkreuz, in der Schlinge eines Leintuches, hängt der 39-jährige Eckehard N. – der Mörder eines kleinen Mädchens.

Eineinhalb Jahre zuvor, an einem fröhlichen Sommertag im Juli 1986: Die Sonne brennt vom Himmel, es ist ziemlich heiß. In einem abgelegenen Häuschen am Rande von Marchtrenk in Oberösterreich richtet eine 30-jährige Mutter ihren zwei Kindern, der sechsjährigen Melanie und ihrem achtjährigen Bruder Jan, die Badetaschen her.

Die Geschwister dürfen ausnahmsweise mit ihrem zehnjährigen Cousin und der elfjährigen Cousine ins Freibad gehen – weil die Mutter und ihr Lebensgefährte an diesem Samstag mit Renovierungsarbeiten beschäftigt sind und eine Holzdecke in dem Haus montieren müssen. Liebevoll verabschiedet sich die Frau von den beiden, wünscht ihnen einen schönen Badetag – und kann nicht ahnen, dass sie ihre Melanie nie mehr wiedersehen wird …

Melanie mit ihren großen Augen und den dunklen Haaren, sie ist der Sonnenschein der Familie. Dieses kleine, entzückende Mädchen, das so stolz ist, weil es bald in die Schule kommt.

Kurz darauf im Freibad in Marchtrenk: Die vier Kinder machen es sich auf ihren Decken gemütlich, tollen im Wasser herum. Unbeschwerte Stunden, hell und freundlich, voller Vergnügen.

Doch es ist die Stunde des Todes, denn ganz in der Nähe lauert eine Bestie; mit eiskalten Blicken, die das kleine Mädchen nun nicht mehr loslassen.

Kurz vor Mittag steht der Mann von seinem Liegeplatz auf, geht langsam zu den Kindern hin. Dann setzt er sich zu ihnen auf die Decke, beginnt ein unverfängliches Gespräch. Melanie und ihre Spielgefährten, artig antworten sie dem Unbekannten.

Diese Kinder, kleine Geschöpfe voller Urvertrauen, die jene dunklen Gedanken des Mannes nicht erspüren können.

Vorstellungen voller abartiger Visionen; wenig später wird der »nette Onkel« ein wenig aufdringlich, lässt sich von Melanie mit

Im Schwimmbad in Marchtrenk in Oberösterreich kam es zu dem grauenhaften Verbrechen.

Sonnencreme einölen. Zwar melden sich ein paar Besucher bei dem Bademeister, machen ihn auf die Zudringlichkeiten dieses Mannes aufmerksam. Als die Kleine aber kurz darauf vom Beckenrand ins tiefe Wasser springen möchte und deshalb von dem Aufseher gemahnt wird, stellt sich der Fremde sogar als besorgter Vater vor. »Ich habe mir gedacht, dass der Mann ein besonders liebevoller Papa ist«, so der entsetzte Bademeister später.

Nachdem der Unbekannte noch einige Zeit mit dem Mädchen im Wasser gespielt hat, lädt er es zu einem Eis ein.

»Komm mit mir, Melanie ...«

Worte voll teuflischer Freundlichkeit; in diesen Minuten verliert sich die Spur des Kindes – vor den Augen von mehr als 3000 Badegästen verschwindet der Mann mit seinem Opfer im Kabinentrakt.

Zwei Stunden später, gegen 15 Uhr – ein achtjähriger Schüler kommt zu den Toiletteanlagen und wird misstrauisch, weil eine der Türen schon seit einiger Zeit versperrt ist. Gleichzeitig entdeckt der Bub unter diesem Eingang ein dunkles Rinnsal. Es ist Blut; sofort alarmiert der Schüler den Bademeister. Mit einem Vierkantschlüssel öffnet der Mann die Tür – und prallt geschockt zurück.

Vor ihm liegt ein Mädchen, blutüberströmt. Es ist Melanie. Der

Jahre zuvor tourte der Mörder als Gitarrist mit einer bekannten Volksmusikgruppe durch die Lande.

In seiner Zelle malte Eckehard N. viele Bilder – unter anderem auch dieses erschreckende Selbstbildnis.

Aufseher versucht, sie wieder zu beleben: »Aber sie rührte sich nicht, auch Puls konnte ich keinen mehr fühlen.« Doch die Helfer wollen nichts unversucht lassen, dieses kleine Leben zu retten – in rasender Fahrt bringt ein Rettungswagen das kleine Opfer deshalb ins Krankenhaus nach Wels – doch jede Hilfe kommt zu spät. Melanie ist tot, sie wurde von ihrem Peiniger mit einem Holzstiel gequält und schwer verletzt, danach hatte der Mörder die Kleine erwürgt. Eine Folter, von unfassbarer Gewalt, die das Mädchen hatte erdulden müssen. Ein Fahnder: »Offenbar hat der Täter dem Kind fest den Mund zugehalten, um seine Schreie zu ersticken …«

Sofort nehmen die Kriminalisten ihre Ermittlungen auf, bekommen von einigen Zeugen Hinweise auf den Fremden, der kurz vorher so unangenehm aufgefallen war: Der 37-jährige Eckehard N., der nun wieder auf seinem Badetuch liegt; neben seiner Freundin, die in der Zwischenzeit gekommen ist. Er ist seltsam ruhig, möchte so schnell wie möglich nach Hause fahren, als Melanies Cousin vorbeigeht. Scheinheilig erkundigt sich der 37-Jährige nach dem kleinen Mädchen. Aber es ist die heuchlerische Frage eines Teufels, denn gleichzeitig gibt ein Besucher den Beamten einen wichtigen Hinweis: Er hat gesehen, wie der Verdächtige aus der versperrten Toilette-Kabine geklettert ist.

Minuten darauf wird Eckehard N. von der Gendarmerie festgenommen und streitet jeden Zusammenhang mit dem furchtbaren Mord ab, will sich an nichts erinnern können. Dieser arbeitslose Autolackierer, der früher auch als Gitarrist in einer bekannten Volksmusikgruppe auftrat, mit dieser Band durch Österreich, Deutschland und die Schweiz auf Tourneen reiste; zugleich aber ist er ein Widerling mit einer grausigen Vergangenheit, geprägt von Gewalt und Sadismus.

So hatte er bereits 1973 versucht, ein zwölfjähriges Mädchen zu vergewaltigen. Doch die Beweise waren zu schwach für eine Anklage vor Gericht. Eckehard N. wütete ungehindert weiter, legte in Sierning bei Steyr das Anwesen eines ihm verhassten Landwirtes in Schutt und Asche; der Schaden betrug mehr als zwei Millionen Schilling, und wieder reichten die Beweise nicht aus – der Verdächtige blieb auf freiem Fuß, lernte seine neue Freundin kennen und zog in das Haus der Frau bei Waldneukirchen. Aber auch diese 33-jährige Schneiderin musste seine Brutalität erdulden – er verprügelte die hübsche Frau, legte eine Hacke neben sein Bett und drohte mit Mord, wenn sie ihn verlassen würde. Dann erschlug er auch

Das einzige Bild der kleinen Melanie, unscharf und verschwommen, das der Mutter geblieben ist. Alle anderen Aufnahmen sind bei einem Brand vernichtet worden. Nur die engsten Angehörigen folgten bei der Beerdigung dem kleinen Kindersarg.

noch ihre zwei Katzen und den Hund; für eine Trennung jedoch fehlte der Schneiderin offenbar der Mut.

Die Ermittlungen der Mörderjäger indes offenbaren ein weiteres Indiz: Bereits drei Wochen zuvor hatte Eckehard N. anscheinend nach einem Opfer gesucht und im Strandbad von Steyr drei Mädchen belästigt. Er verwickelte die Kinder unter der Dusche im Schwimmbad in ein Gespräch, erzählte ihnen, er sei Matrose – und versprach den Schülerinnen ein Eis, wenn sie mit ihm baden gehen würden. Doch die Mädchen bekamen es mit der Angst zu tun und konnten davonlaufen.

Im März 1987 wird Eckehard N. vor Gericht gestellt – und streitet das grauenhafte Verbrechen an Melanie weiter ab: »Ich bin mir keiner Schuld bewusst …«

Zugleich jedoch gibt er den Ermittlern der Gendarmerie recht: »Ich weiß, dass diese Zeugenaussagen richtig sind. Aber fremde Stimmen haben es mir befohlen. Mich hat eine fremde Macht beherrscht. Ich bestehe aus mehreren Personen. Hier im Zeugenstand stünden vielleicht ein paar Knochen, Fleisch und Haut. Und wenn Sie mich heute zum Tode verurteilen, dann kann ich endlich einen Schlussstrich ziehen zwischen Körper und Geist. Aber wenn ich es wirklich war, dann tut´s mir leid …«

Worte, wie Spott und Hohn für sein kleines Opfer, das so grausam getötet wurde. Denn die Worte des Angeklagten klingen völlig unbeteiligt und teilnahmslos – die stumpfe Gleichgültigkeit eines Monsters.

Schließlich wird Eckehard N. zu lebenslanger Haft und Einweisung in eine Anstalt für geistig abnorme Rechtsbrecher verurteilt. Seine einzige Reaktion: »Das ist absurd! Sie bestrafen einen Mann, der schon längst gestorben ist. Aber jetzt wird das Universum gesprengt werden!«

Diese grauenhafte Bluttat an Melanie und die makabren Verantwortungen ihres Peinigers – der zutiefst getroffenen Mutter blieb nur ein Foto von ihrem Kind. Ein einziges Bild, undeutlich und verschwommen, weil alle anderen Aufnahme bei einem Brand vernichtet worden sind.

Die kleine Melanie, sie bleibt dennoch unvergessen. Dieses Mädchen, das einem Menschen blind vertraute und dafür bestraft wurde. Von einer widerwärtigen Bestie. Mit dem Tod – erbarmungslos und so unendlich grausam.

DIE VIELEN GESICHTER EINES DREIFACH-MÖRDERS

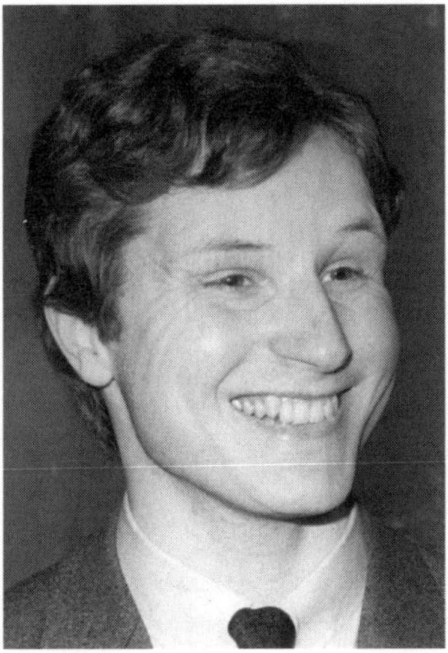

Der 18-jährige Günter L. – eine menschliche Zeitbombe. Auf der einen Seite ein hochintelligenter Vorzugsschüler, der mit Auszeichnung maturiert; zugleich aber ein Chamäleon, das ständig in die Rollen anderer Menschen schlüpft. Weil der Jugendliche seine wahre Herkunft verbergen möchte. Bis dieser tickende Sprengkörper explodiert – bei einem grauenhaften Massaker erschießt Günter L. in einer Wohnung in Wien eine ehemalige Mitschülerin und deren Mutter. Zuvor hatte er seinen Cousin auf der Donauinsel getötet, die Leiche geköpft und im Schnee vergraben.

Der Rosenmontag im Februar 1983. In einer Wohnung in Wien-Landstraße sitzen an diesem Nachmittag die 18-jährige Ursula E. und ihre gleichaltrige Freundin Christiane im Wohnzimmer und nähen an zwei bunten Kleidern. Die beiden hübschen Mädchen sind voller Vorfreude – am nächsten Tag, dem Faschingsdienstag, wollen sie als Zwillinge verkleidet ein Kostümfest besuchen.

Leise unterhalten sich die Schülerinnen, die kürzlich ihre Matura bestanden haben, als Ursula von dem Treffen mit ihrem Ex-Freund, einem ehemaligen Mitschüler, erzählt. »Paul hat mich zu Hause besucht und wollte mir Bücher zurückbringen, weil er bald übersiedeln wird. Aber dann hatte er seinen Schlüssel vergessen, deshalb sind wir nur ein wenig durch die Stadt spaziert«, so das Mädchen zu ihrer besten Freundin. Und weiter: »Doch heute in der Früh ist er wieder gekommen. Angeblich will er nach Brasilien auswandern und sich als Leibwächter ausbilden lassen, deshalb hatte er auch eine Waffe mit. Aber irgendwie ist er mir unheimlich, deshalb möchte ich auch keinen weiteren Kontakt mehr ...«

Dann ist Paul kein Thema mehr, die 18-Jährigen unterhalten sich über das Faschingsfest und das Biologie-Studium, mit dem Ursula bald beginnen möchte. Schließlich verabschiedet sich das Mädchen. Doch es ist ein Abschied für immer – Christiane wird ihre beste Freundin nie mehr sehen.

Denn die angehende Studentin stirbt wenige Stunden später bei einem grauenhaften Massaker, ebenso wie ihre Mutter. Getötet von Paul, diesem 18-jährigen Burschen mit dem gewinnenden Benehmen. Ein Vorzugsschüler mit der Gefühlswelt eines Monsters, der kurz zuvor auch seinen Cousin ermordet hat.

Nur: Paul ist gar nicht Paul. Sondern lediglich eine Schein-Figur, wie ein Chamäleon; eine von vielen Rollen, in die der 18-Jährige seit seiner Kindheit schlüpft. Denn dieser Dreifach-Mörder hat viele Gesichter. Aus Angst vor seiner eigenen Identität. Niemand soll erfahren, dass er der Sohn einer Diebin ist, der seine Kindheit bei der Mutter im Gefängnis verbracht hat – und erst später von einer Pflegemutter aufgenommen worden war, seitdem in einer engen Wiener Hausmeister-Wohnung lebte. Offiziell ist er deshalb Paul, der Sohn eines geheimnisvollen, begüterten Salzburger Rechtsan-

Mit einem Militärkarabiner erschoss Günter L. erst seine ehemalige Mitschülerin Ursula E. (18), danach starb auch ihre Mutter, die 42-jährige Sieglinde E.

walts – und hat auch einen Bruder; dieser allerdings ist immer »verhindert« – »weil er mit einem Maserati durch Europa braust ...«

Faschingsdienstag, kurz vor 14 Uhr: Die elfjährige Karin E. kommt von der Schule nach Hause in die schöne Wohnung in der Ungargasse, in der sie mit ihren vier Geschwistern und der Mutter lebt – der Vater ist vor drei Jahren völlig überraschend gestorben.

Das Mädchen wundert sich – zwar steht der Einkaufskorb mit der frischen Milch, die ihre Mutter Sieglinde kurz zuvor am Markt besorgt hat, im Flur; und auch der beigefarbene Wintermantel der 42-Jährigen hängt an der Garderobe im Vorzimmer. Doch es ist seltsam still. Nur der schwarze Spanielmischling, den die Familie erst zehn Tage zuvor aus dem Wiener Tierschutzhaus geholt hat, wirkt verschreckt, winselt leise.

Karin geht weiter, zu Ursulas Zimmer, ahnungslos. Sekunden später steht das Schulkind vor zwei blutigen, toten Körpern, bis zur Unkenntlichkeit verstümmelt. Eine Szenerie, für das Kind eine unvorstellbare Qual, grauenvoll. Blutbilder, die sich tief in die Seele der Elfjährigen eingraben.

In diesem Haus in der Ungargasse in Wien-Landstraße kam es zu dem grauenhaften Doppelmord.

Der Schock lähmt Karins Stimme – es sind leise Hilferufe, auf die dennoch mehrere Nachbarn aufmerksam werden und sofort die Polizei alarmieren. Kurz darauf treffen die Kriminalisten am Tatort ein, aber erst Eva, die 13-jährige Schwester, kann die zwei Toten identifizieren: Ihre Mutter Sieglinde und die älteste der Geschwister, die 18-jährige Ursula.

Während die völlig verstörten Kinder sofort bei ihren Großeltern untergebracht werden, nehmen die Fahnder die Ermittlungen auf: Damit die Nachbarn nicht Zeugen dieses Gemetzels werden, hat der Täter offenbar einen Fleckerlteppich als Schalldämpfer für die Tatwaffe, einen Karabiner, verwendet. Überdies finden sich an der Wohnungstür keine Einbruchsspuren, also müssen die Opfer ihren Mörder gekannt und ihm sogar geöffnet haben. Fakt für Fakt, einem Mosaik des Schreckens gleich, tragen die Kriminalisten Spuren zusammen.

Und stoßen Stunden später auf »Paul«, der wie Ursula ein altehrwürdiges Gymnasium inmitten der Wiener Innenstadt besucht hat.

Ein Bild des Schreckens: Die nackte und kopflose Leiche des Lehrlings wird auf der Donauinsel ausgegraben.

Das erste Opfer: Der 17-jährige Lehrling Peter D., der zu Unrecht als Mörder gejagt worden war.

»Paul«, das Chamäleon – in der Realität ist er der 18-jährige Günter L., der bei seiner neuen Freundin ausgeforscht wird. Ein hochintelligenter Vorzugsschüler und Maturant mit Auszeichnung, der sich beim Verhör blasiert und arrogant gibt, mit den Morden nichts zu tun haben will. Bis die Fahnder bei einer Hausdurchsuchung in der

Die vielen Gesichter des Dreifach-Mörders: Eiskalt bei der Einvernahme im Wiener Sicherheitsbüro …

… als »gestrenger Professor« mit Brille …

… und gähnend, als das Urteil gegen ihn verkündet wurde.

Wohnung seiner Freundin einige Parfumflaschen und Schallplatten, die aus der Mordwohnung stammen, finden.

Allesamt Indizien, die den Verdächtigen nun zu einem ersten »Geständnis« bewegen: Sein Cousin, der 17-jährige Lehrling Peter D., sei der Täter; er indes hätte ihn nur begleitet – die Polizei löst eine Großfahndung nach dem Verdächtigen aus und warnt eindringlich vor ihm: »Vorsicht, er ist noch immer bewaffnet!«

Peter D., dieser immer freundliche 17-Jährige, der seit einer Woche als abgängig gilt. Zu diesem Zeitpunkt wird er sozusagen ein zweites Mal ermordet. Durch Rufmord.

Denn der Bursche liegt seit sechs Tagen tot auf der Donauinsel unter einem Schneehaufen; steifgefroren, ohne Kopf, mit schrecklichen Schussverletzungen im Körper. Und wird nun als brandgefährlicher Killer in ganz Österreich gesucht.

Bis Günter L. schließlich gesteht, den Cousin erschossen zu haben. Mit jener Waffe, die er auch gegen die ehemalige Schulkollegin und deren Mutter gerichtet hat. Ein Militärkarabiner, den er anstandslos in einem Wiener Waffengeschäft hatte kaufen können

– mitsamt der Munition, die sonst nur bei der Elefantenjagd eingesetzt wird.

Ein Bekenntnis, eiskalt und ohne jede Reue. So hatte der Dreifach-Mörder seinem ersten Opfer den Kopf abgeschnitten und angeblich in die Donau geworfen, um eine Identifizierung zu erschweren.

Die Kriminalisten können dem 18-Jährigen alle drei Morde nachweisen, allein das Motiv bleibt ungeklärt. Und so suchen die Ermittler in der Vergangenheit des unheimlichen Todesschützen – es ist ein Leben, das nur aus Schein besteht. Immer wieder schlüpfte Günter L. in die verschiedensten Rollen; »Paul« etwa ist für Schule und Freizeit gedacht, Günter steht für das Leben zu Hause in der engen Gemeindebau-Wohnung. Und schwärmte seine neue Freundin etwa für Filmstar Helmut Berger, so schminkte er sich wie der berühmte Schauspieler, färbte die Haare rötlich-blond, unterzeichnete Briefe mit Helmut – und ließ sich sogar einen historischen Militärmantel nähen, wie ihn Berger im Film trug.

Aber der Geschmack des jungen Mädchens wechselt; nachdem sie im Kino »American Gigolo« gesehen hat, heißt ihr neuer Held Richard Gere. Und Günter L. schlüpft problemlos auch in diese Rolle; von einem Tag auf den anderen ist er der »Verführer«. Stiehlt in der Schule sogar Hanteln, um sich die notwendigen Muskeln anzutrainieren. Zugleich tischt er der dunkelhaarigen Schönheit abenteuerliche Geschichten auf – unter dem Deckmantel des lerntüchtigen Gymnasiasten sei er eigentlich ein gefragter Wiener Gigolo, der manchmal Frauen gegen Geld liebt. Günter L. – ein Bursche, der sich stets für sein eigenes Leben schämte und dabei alle menschlichen Züge verlor und vergaß.

Paul, Günter, Helmut; die vielen Gesichter eines Dreifach-Mörders, der mit seinen Taten unendliches Leid über zwei Familien gebracht hat, auf Grund seines Alters aber nur zu 20 Jahren Haft und Einweisung in eine Anstalt für geistig abnorme Rechtsbrecher verurteilt werden kann. Selbst bei seiner Gerichtsverhandlung ist er noch fröhlich, stellt sich für Fotografen in Pose und lacht: »Was soll mir schon leid tun, wenn ich drei Menschen getötet habe …«

Eigentlich hat Günter L. nur ein Gesicht. Die Fratze der Kaltblütigkeit.

DER REGISSEUR DES TODES

Aus Rachsucht und Habgier inszeniert der Wiener Filmemacher Helmut F. mit seinem Komplicen Gabor P. im Mai 1992 ein grauenhaftes »Schauspiel des Todes«. Zuerst lockt er seinen Widersacher, den Besitzer eines Tonstudios, in eine heimtückische Falle. Dann wird das Opfer betäubt und erschossen. Anschließend zerstückeln die Täter den Toten, verteilen die Leichenteile in Mülltonnen, wollen den Mann für immer verschwinden lassen – doch die Wiener Mordkommission kann das Komplott aufdecken.

Eine dunkle Gasse im Budapester Arbeiterbezirk Csepel; schon zeitig in der Früh sind an diesem Freitag Ende Mai 1992 mehrere Obdachlose in der Siedlung unterwegs, durchsuchen die Abfalleimer nach verwertbaren Resten. Eine Tonne nach der anderen öffnen sie, kramen in dem Unrat, als einer der Vagabunden plötzlich einen Müllsack findet. Der Landstreicher interessiert sich für den Inhalt dieses Beutels, greift hinein – und ertastet einen Stumpf. Es ist die abgesägte Hand eines Menschen, kalt und leblos; der Landstreicher erschrickt zutiefst, lässt den Sack fallen. Dann läuft er aufgeregt davon und alarmiert den nächsten Polizisten. Kurz darauf durchsuchen Beamte alle Abfalleimer in der Umgebung, entdecken weitere Müllsäcke mit insgesamt 17 Leichenteilen eines Menschen, darunter auch einen gespaltenen Kopf.

Ein grauenhafter Anblick und der erste Akt in diesem unheimlichen »Schauspiel des Todes«. Doch die Identität des Opfers ist unbekannt; ein namenloser Toter, der von seinem Mörder abgeschlachtet worden ist wie ein Tier.

Einige Tage später liest eine Ungarin, die in der Nähe von Wien wohnt, zwei Zeitungen. Ein Blatt aus ihrer Heimat und eine Ausgabe aus Österreich. Die Ungarn berichten über den grausigen Fund aus Budapest, zeigen auch einen Gipsabdruck vom Kopf des Mordopfers – die Zeitung aus Wien hingegen beschäftigt sich mit der mysteriösen Abgängigkeit des Wiener Musik- und Filmproduzenten Fritz K. (46), der mit seinem Tonstudio Millionen verdient hat. Die Leserin ist perplex; der Gipsabdruck aus Ungarn und das Foto des Verschwundenen weisen große Ähnlichkeiten auf, die Frau ruft sofort bei der Polizei an.

Das Opfer des grauenhaften Mordes: der 46-jährige Fritz K., der mit seinem Tonstudio Millionen verdiente.

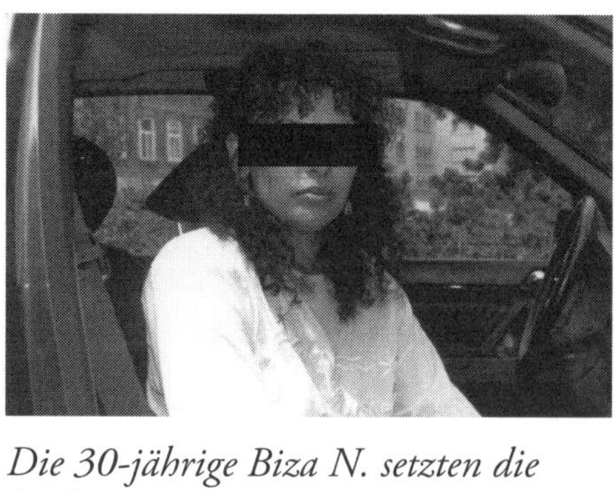

Die 30-jährige Biza N. setzten die beiden Mörder als Lockvogel ein.

Nun werden die Fahnder hellhörig, gehen diesem Hinweis nach. Doch die Beamten haben nur eine Möglichkeit, die Identität des Toten aus Ungarn und des Vermissten aus Wien zu vergleichen – durch Fingerabdrücke.

Ein Puzzle des Grauens. Denn lediglich drei Finger blieben vollständig erhalten; alle anderen Körperteile hingegen sind nur noch eine blutige Masse und für die Spurensicherung unbrauchbar. Diese drei Finger aber, grausige Fragmente des Todes, sie liefern den Kriminalisten erste Beweise …

Ein paar Stunden später, in der Wiener Wohnung des Abgängigen. Die Fahnder haben bereits alle Räume, jede Ecke und jeden Gegenstand unter die Lupe genommen. Doch nichts, nirgends hat Fritz K. seine Spuren hinterlassen. Dann sehen die Beamten im Geschirrspüler nach – und finden endlich ein benütztes Glas mit Fingerabdrücken des Musikproduzenten. Kurz darauf steht fest: Der Tote aus Ungarn ist der 46-jährige Wiener.

Ein Kriminalfall, hintergründig und geheimnisvoll. Obwohl der Mann bereits seit 22. Mai als vermisst galt und am Tag seines Verschwindens auch getötet worden ist, bekam seine Tante noch eine Ansichtskarte von ihm, die mit Anfang Juni datiert war. Ebenso erhielt die Verwandte ein Fax: »Wie ein Wink des Schicksals trat ein Mensch in mein Leben. Wir werden die schönsten Plätze der Welt besuchen. Deshalb interessieren mich auch die finanziellen Angelegenheiten nicht mehr, um die wird sich ein Generalbevollmächtigter kümmern.«

Schöne Worte, und dennoch nur ein hinterlistiges Täuschungsmanöver, inszeniert von einem »Regisseur des Todes« …

Die Fahnder ermitteln: »Dieser Wink des Schicksals« ist eine junge Frau, in die sich Fritz K. Hals über Kopf verliebt hat. Seine Traumfrau. Lange, dunkle Haare, glutvolle Augen, ungemein attraktiv; dennoch eine geheimnisvolle Fremde, die dem Verehrer nur ihren Vornamen nennen wollte. Und mit dieser Biljana, so wissen seine Freunde, hatte sich der Musikproduzent am Tag seines Verschwindens in Budapest getroffen. Weil sie den Geliebten ihrem »Onkel Benes« als zukünftigen Ehemann vorstellen und die geplante Hochzeit besprechen wollte.

Der zweite Akt in dieser grausamen Tragödie, denn Biljana ist nur ein Lockvogel. Der Lockvogel in den Tod.

Der Regisseur indes hält sich noch immer im Verborgenen, reist von Budapest nach London – und wird nun zum heimlichen Hauptdarsteller. Mit aufgeklebtem Bart und Perücke erscheint er kurz nach dem Mord an Fritz K. in der österreichischen Botschaft, weist sich mit dem Pass des Toten als Wiener Musikproduzent aus und unterzeichnet vor Zeugen einen Vertrag: »Ich bevollmächtige Gabor P., mein Vermögen zu verwalten.«

Doch ehe der Mörder und sein Komplize auch noch die Millionen des Opfers einstreichen, kann das Duo ausgeforscht werden. Ein unfassbares Verbrechen, das ganz Österreich erschüttert – denn als Täter verhaftet die Polizei den 34-jährigen Helmut F., einen bekannten Filmemacher und ehemaligen Moderator des österreichischen Fernsehens, sowie den Wirtschaftsberater Gabor P. (44).

Dr. Hannes Scherz von der Wiener Mordkommission: »Ein in der österreichischen Geschichte wohl einmaliger Fall, weil er wie nach einem Drehbuch eines äußerst ungewöhnlichen Krimis abgelaufen ist und ein solches Geschehen in der Realität eigentlich niemand ernstlich für möglich gehalten hat.«

Eine Bluttat, die Helmut F. und sein Komplize seit Monaten vorbereitet hatten, eiskalt und gnadenlos. Aus Rache und Habgier, weil der Musikproduzent einen Skandal aufdecken wollte: Er hatte in Erfahrung gebracht, dass bei der Vergabe eines Werbespots Korruption im Spiel gewesen war und sein Konkurrent Helmut F. einen Beamten bestochen hatte. »Ich werde diese Schweinerei an die Öffentlichkeit bringen«, drohte Fritz K. daraufhin seinem Widersacher.

Der Filmemacher indes fürchtete um seine Geschäfte, wollte den Kontrahenten für immer zum Schweigen bringen – und verfasste ein weiteres Drehbuch.

Das Drehbuch des Todes, unfassbar grausam und teuflisch, in dessen Mittelpunkt ein »Lockvogel« und dessen »Onkel« standen. Der Rivale sollte nach Ungarn gelockt und getötet werden, danach wollten die Täter seine Leiche verschwinden lassen, um sich das Tonstudio und das Vermögen ihres Opfers anzueignen. Ein mörderischer Plan, der furchtbare Wirklichkeit wurde.

Lebenslang ebenso für Steuerberater Gabor P. (44), dem Komplizen des Regisseurs.

Mit einer elektrischen Säge dieses Modells zerteilte der Filmemacher das Opfer.

Obdachlose entdeckten in den Mülltonnen im Budapester Arbeiterbezirk Csepel die Leichenteile.

Das Opfer wurde zerstückelt, danach packten die Täter die 17 Leichenteile in mehrere Müllsäcke, die sie in Abfalleimern verschwinden lassen wollten.

Fritz K. verliebte sich tatsächlich in Biljana, reiste auch bereitwillig zu ihrem Verwandten nach Ungarn, um sich vorzustellen. Ließ sich von »Onkel Benes« bewirten, mit Mehlspeisen und einer Flasche Barack als Begrüßungstrunk. Die verschlagene Freundlichkeit eines Teufels – das Essen und der Schnaps waren mit Schlaftabletten präpariert, Fritz K. schlief ein – und wachte nie mehr auf.

Denn Minuten später schlich sich der Filmproduzent ins Zimmer, richtete eine Pistole gegen den Widersacher, drückte ab; vier Schüsse, Fritz K. war sofort tot. Danach entkleideten die Männer ihr Opfer und versuchten, die nackte Leiche mit einem Häcksler zu beseitigen. Doch dieser funktionierte nicht, deshalb wollte der Filmemacher den Toten mit einer elektrischen Säge zerteilen.

Während Helmut F. die Säge startete, läutete der Steuerberater bei den Nachbarn an, erklärte höflich und ruhig: »Wir renovieren gerade und hoffen, dass Sie die Sägegeräusche nicht stören …«

Worte, voll grenzenloser Kaltblütigkeit; nur als Helmut F. kurz darauf die Leiche zerstückelte, zeigte sein Komplize Schwäche und musste das Bad mehrmals verlassen, weil ihm übel wurde. Der Ekel eines Monsters vor seiner eigenen Abscheulichkeit.

Der Filmemacher selbst erlebte die Tat »wie in einem Traum, auch das Zerstückeln nahm ich nur aus der Entfernung wahr …«, wie er der Polizei dann gesteht.

Im Dezember 1993 beginnt der Prozess gegen die Täter, die zu lebenslanger Haft verurteilt werden. Vor dem Richterspruch richtet sich der Staatsanwalt in seinem Plädoyer an den Filmemacher, der zum Mörder wurde: »Mit der Sühne der Tat können Sie dazu beitragen, dass die Seele ihres Opfers Frieden findet.«

Und Helmut F. sühnt weiter, schloss sich in der Haft einem Bibelkreis für Lebenslange an und begann mit dem Studium der Theologie; ein Antrag auf bedingte Entlassung wurde im Mai 2007 abgelehnt, dafür durfte Helmut F. ein paar Mal ein Kaffeehaus im oberösterreichischen Steyr besuchen. An seiner Seite der Gefängnis-Seelsorger, der den frischgebackenen Magister der Theologie begleitete. Denn sein Studium hat der Mörder mittlerweile abgeschlossen, mit Auszeichnung.

DREI MORDE IN EINER NACHT

Weil er ins Heim kommen soll, sticht der Salzburger Werner K. mit 16 Jahren »aus Rache« seine Mutter nieder, verletzt sie lebensgefährlich und kommt zwei Jahre ins Gefängnis. Zehn Jahre später schießt er in seiner Heimatstadt die Frau eines Schriftstellers nieder, ohne Motiv. Das Urteil: achteinhalb Jahre Haft. Doch kurz vor der Entlassung erhält der Gefangene Ausgang, schleicht sich in St. Pölten (Niederösterreich) in das Haus einer ihm völlig unbekannten Familie, tötet die 55-jährige Mutter und ihre beiden erwachsenen Kinder. Ein Drama von unfassbarer Brutalität.

Es ist ein Dienstag Mitte Jänner 1980, als sich die Gefängnistore der Strafanstalt Garsten in Oberösterreich öffnen: Aus der Einfahrt tritt ein schmächtiger, unauffälliger Mann; wächsernes Gesicht, kohlschwarze Augen, in seiner Jacke hat der 33-jährige Werner K. rund 1000 Schilling eingesteckt. Sein »Lohn« für den Schnaps, den er illegal in der Gefängniszelle herstellt. Überhaupt erweist sich der hagere Mann, der wegen des Mordversuchs an der Frau eines Salzburger Schriftstellers zu achteinhalb Jahren verurteilt worden ist, als ein echter Gefängnis-Profi: So ist er im Arrest extra zum Islam übergetreten – weil er als Mohammedaner statt der vorgesehenen Fleisch-Portionen sozusagen hochoffiziell zusätzliche Obst-Rationen erhalten darf; diese allerdings verwendet der Gefangene ausschließlich für seine heimliche Destillerie.

An diesem Dienstag aber ist dem Häftling ein dreitägiger Freigang genehmigt worden: Werner K. soll in wenigen Wochen entlassen werden, deshalb stehen ihm diese freien Tage für die Arbeitssuche gesetzlich zu.

Doch Werner K., er ist ein Handlanger des Todes. Düstere Fantasien haben sich in seiner Seele eingeprägt, brandgefährlich und unberechenbar. Zwar hat er schon vor einigen Jahren einem Gefängnis-Psychiater einen Brief geschrieben: »Ich glaubte, meinen inneren unbändigen Drang, Frauen zu quälen, der immer stärker wurde als mein Wille, zumindest so weit beherrschen zu können, um nicht dem Verlangen zu erliegen. Doch immer öfter, immer stärker wurde der Wunsch. Deshalb ersuche ich das Gericht, mir eine Möglichkeit zu bieten, mich von meinen unheilvollen Wünschen zu befreien …«

Das Schreiben aber landete unbeachtet bei seinem Strafakt – seitdem wucherten jene Wahnideen ungehindert weiter. Dieser Drang, unbezähmbar und heimtückisch. Werner K. macht sich auf den Weg …

Scheinbar ziellos fährt der schmächtige Mann mit der Seele eines Ungeheuers in die Bundeshauptstadt. Dabei hat der Häftling einen genauen Plan: Er will Menschen töten; das ist seine einzige Motivation, eiskalt und gnadenlos.

So kauft er in Wien mit dem Geld aus der illegalen Schnaps-

In dieser Villa am Stadtrand von St. Pölten kam es zu der grauenhaften Bluttat – danach transportierte der Täter die drei Opfer im Kofferraum des Mercedes bis nach Salzburg.

brennerei eine Gaspistole und Leukoplast. Für seine unbekannten Opfer; diese Menschen, die er nur in seinen Fantasien kennt, nicht aber persönlich. Dann fährt er mit dem Zug nach St. Pölten, lässt sich vom Bahnhof mit einem Taxi zu der Siedlung Am Eisberg bringen. Völlig willkürlich, denn der Häftling ist zum ersten Mal in dieser Gegend.

Ein schönes Villenviertel, gepflegte Gärten voller idyllischer Beschaulichkeit – die meisten Anrainer aber sind nicht zu Hause. Nur hinter dem Fenster des Einfamilienhauses eines verstorbenen Steuerberaters sieht der Kriminelle den Schatten eines jungen Mannes. Der 26-jährige Walter A., von Geburt an gelähmt und behindert, er sitzt im Rollstuhl, winkt den Passanten freundlich zu.

Walter K. hat sein Ziel gefunden. Die wahllose, bestialische Auslese eines Ungeheuers, das seine Opfer noch nie zuvor gesehen hat. Er schlägt die Fensterscheibe zur Speisekammer ein, schleicht in den ersten Stock, steht Minuten später vor dem Gelähmten: »Ich werde dich töten, doch das hat Zeit, ich warte noch auf die anderen …« Der behinderte Mann, er ist an seinen Rollstuhl gefesselt, kann deshalb auch keine Hilfe rufen.

Es dämmert bereits, als Gertrude A. (55), die Mutter des Kranken, nach Hause kommt und schon im Flur von dem Verbrecher überwältigt wird. Geschockt fleht die schwer herzkranke Frau um Gnade, dann gibt die Witwe ihrem Peiniger sogar einen Scheck über 20.000 Schilling, weil sie an einen Raubüberfall glaubt.

Doch Werner K., er hat noch nie Gnade gekannt, fesselt und knebelt Mutter und Sohn, zwingt die 55-Jährige dann, Herztropfen einzunehmen, damit sie nicht das Bewusstsein verliert: »Sie sollte die Todesqualen besser erleben können«, wie er später gesteht. Ein Protokoll, zynisch und voller Menschenverachtung.

Kurz darauf erwürgt er den Sohn mit bloßen Händen, zerrt die Leiche aus dem Rollstuhl zu der weinenden Mutter ins Wohnzimmer. Dann stirbt auch die 55-Jährige, wird von dem Mörder mit einer Schlinge erdrosselt. Das irre Werk eines kaltblütigen Sadisten, aus dem es kein Entrinnen gibt.

Doch das Grauen hat kein Ende, denn Werner K., er wartet weiter: auf Ingrid, die Tochter des Hauses, die bald von der Hochschule kommen soll. Es ist bereits Abend, als die Studentin der Wirtschaftsuniversität Wien das Haus betritt, im Wohnzimmer die beiden Leichen ihrer Mutter und des Bruders findet. In Todesangst bietet sich die 24-Jährige dem Mörder an. Doch der Häftling will nicht ihren Körper, er will ihren Tod. Stundenlang quält und misshandelt er die junge Frau mit glühenden Zigaretten und durch Schläge mit einem Gürtelriemen, ehe auch sie erdrosselt wird.

Wenig später findet Werner K. die völlig verschreckte Angorakatze der Familie; tötet das Tier, bevor er sich hinlegt, seelenruhig neben seinen drei Opfern einschläft.

Am nächsten Morgen um 7.30 Uhr erwacht der Dreifach-Mörder, transportiert die Leichen mit dem Rollstuhl des toten Sohnes zum Auto, pfercht seine Opfer in den Kofferraum des Fahrzeugs. Dann trifft er einen Mitinsassen aus der Haftanstalt, schickt den völlig ahnungslosen Mann zur Bank; der Knastbruder soll den 20.000-Schilling-Scheck von Gertrude A. einlösen. Mit dem Geld der toten Witwe unternimmt der Gefängnisinsasse auf Freigang eine Einkaufstour, ersteht unter anderem einen eleganten Nadelstreifanzug; danach kehrt er wieder in das Horrorhaus zurück, möchte mit

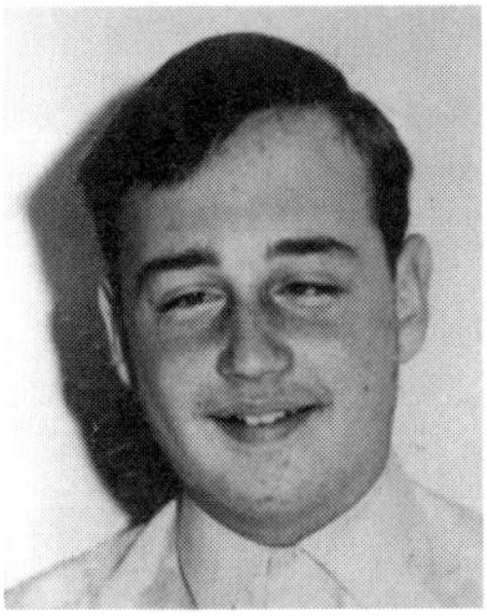

Das erste Opfer: Der 26-jährige Walter A., der seit seiner Geburt behindert ist und im Rollstuhl sitzt.

Dann starb seine Mutter, die 55-jährige Witwe Getrude A. …

… und zuletzt ihre Tochter, die 24-jährige Studentin Ingrid A.

dem Wagen und der grausigen Last nach Salzburg, in die Stadt seiner Kindheit, flüchten. Doch das Gartentor lässt sich nicht öffnen, der Mörder sitzt fest. In diesem Moment kommt ein Anrainer, der gerade Schnee schaufelt – er weiß um die Herzkrankheit der Nachbarin und dass der Frau immer wieder Bekannte bei kurzen Erledigungsfahrten aushelfen; so ist der arglose Mann gerne behilflich, öffnet die Einfahrt – der Mörder passiert ungehindert das Tor, fährt mit den drei Leichen im Kofferraum davon.

Doch nur etwa 10 Kilometer weiter, in Karlstetten bei St. Pölten, parkt Werner K. den Wagen vor einem Gasthaus ein. Bestellt sich in der Wirtsstube Kaffee, eine Portion warmen Leberkäse. Und macht sich plötzlich verdächtig: Denn während der gesamten Mahlzeit behält dieser hagere, wortkarge Mann seine schwarzen Lederhandschuhe an – mehreren Gästen kommt der Besucher deshalb unheimlich vor; sie notieren das Autokennzeichen, alarmieren die Gendarmerie. Die Besatzung einer Funkstreife fährt zu dem Einfamilienhaus Am Eisberg, kann aber nichts Verdächtiges feststellen. Trotzdem kontrollieren die Beamten ein paar Stunden später das Anwesen noch einmal, entdecken dabei das eingeschlagene Fenster der Speisekammer. Überdies fehlt von Gertrude A. und ihren bei-

Nach dem Mord protestierten zahlreiche Anrainer gegen die Regelungen der Justiz für die Freigänge der Häftlinge.

Ein Bild voller Dramatik: In der Einsegnungshalle des Friedhofes sind die Särge der Familie aufgebahrt.

den erwachsenen Kindern jede Spur – deshalb lösen die Gendarmen eine österreichweite Fahndung nach dem Fahrzeug und der Familie aus.

Gegen 23.30 Uhr finden zwei Polizisten beim Bahnhof in Salzburg den gesuchten Wagen, kurz darauf wird Werner K. festgenommen. Zunächst leugnet er jeden Zusammenhang, legt erst zwei Tage später ein Geständnis ab. Sein Bekenntnis, es ist eine Aussage, geprägt von unfassbarer Brutalität: »Ich habe aus Lust am Töten gemordet, es ging mir nicht um Geld. Diese drei Morde dienten ausschließlich meiner geistigen Befriedigung …« Und gibt gleichzeitig zu, dass er »sofort wieder töten würde«.

Fünf Monate darauf steht der Verbrecher vor Gericht. Der Prozess ist für nur einen Tag anberaumt, das Urteil scheint klar. Als Werner K. die Entscheidung des Richters – lebenslange Haft und Einweisung in eine Anstalt für geistig abnorme Rechtsbrecher – widerspruchslos annimmt, trägt er jenen eleganten Nadelstreif, den er aus der Beute seiner Opfer gekauft hat. Dieser Familie, in Liebe verbunden, eine eingeschworene Einheit – bis zu jener Nacht im Jänner 1980, als Werner K. kam und dreimal mordete. Völlig willkürlich und trotzdem gezielt.

DAS TODESDRAMA DER KLEINEN DANIELA

Ein grauenhaftes Verbrechen erschüttert im Februar 1977 ganz Österreich: Während bei Gloggnitz in Niederösterreich eine riesige Lagerhalle in Flammen aufgeht, überfällt der 33-jährige Spengler Gustav Krausner eine Schülerin. Fast zwei Stunden kämpft die Elfjährige um ihr Leben – und hat doch keine Chance: Der Vater von vier Kindern missbraucht und tötet das kleine Mädchen.

Riesige Feuersäulen lodern in den rauchgeschwärzten Himmel über Gloggnitz in Niederösterreich, tauchen die nahende Dämmerung dieser Winternacht an einem Donnerstag Ende Februar 1977 in ein glühend rotes Flammenmeer. Sekunden später zerreißt das Heulen einer Sirene die abendliche Stille.

Ein infernalisches Feuer, das die riesige Lagerhalle der Semperit-Reifen-Fabrik im nahen Wimpassing vernichtet.

Unzählige Menschen aus der Umgebung, voller Neugierde strömen sie zu der Brandruine. Unter ihnen auch der 33-jährige Gustav Krausner, ein vierfacher Familienvater. Der Spengler wohnt mit seiner geschiedenen Frau und den Kindern in einem armseligen Haus am Flussufer der Schwarza. An diesem Abend aber besucht die Ex-Frau mit den drei Söhnen und der neunjährigen Tochter eine Nachbarin, will erst gegen 21 Uhr heimkommen. Deshalb langweilt sich Gustav Krausner allein zu Hause, sitzt gerade vor dem Fernseher, als der Alarm ausgelöst wird. Für den Spengler, seit zwei Monaten ohne Beschäftigung, eine »willkommene Abwechslung« in seinem täglichen Einerlei; die hektische Betriebsamkeit der Helfer, diese nervöse Anspannung, um die Flammen unter Kontrolle zu bringen – als Ablenkung von der eigenen farblosen Monotonie kommt ihm dieser Großeinsatz der Feuerwehr sehr gelegen.

Und so möchte auch der Arbeiter nun die Löscharbeiten beobachten, nimmt deshalb einen Feldstecher mit. Durch das geschliffen scharfe Glas sieht Gustav Krausner den Bemühungen der Retter zu, als er in der Nähe plötzlich zwei kleine Mädchen wahrnimmt. Die elfjährige Daniela und ihre zehnjährige Freundin Elfriede; Händchen haltend laufen sie den schmalen Weg am Flussufer entlang, fasziniert von diesem hellen Feuerschein.

Und doch ist dieses Leuchten ein Licht, das sich eigenartig verzerrt auf der dunklen Wasseroberfläche widerspiegelt. In dem Mann steigen Fantasien auf; böse Visionen, abartig und gefährlich.

Minuten später nimmt er die Spur der Kinder auf. Schleichende Schritte, lautlos, folgt er den Schülerinnen. Daniela und Elfriede, diese kleinen Mädchen, so unbekümmert und so ahnungslos, sie sind noch immer geblendet von den lodernden Flammen – und

Das Opfer dieses widerlichen Sexualverbrechens, die elfjährige Daniela G., ein Mädchen, bei allen beliebt.

merken deshalb auch nicht, wie der Mann immer näher kommt, plötzlich hinter ihnen stehen bleibt.

Nur ein paar hundert Meter neben der Brandstelle, an der unzählige Feuerwehrmänner und Gendarmen im Einsatz sind, packt der Familienvater die Kinder an den Schultern. Doch Elfriede kann sich losreißen, läuft weinend davon; flüchtet über den Damm zu einer Tankstelle, erzählt einer Passantin von ihrem unheimlichen Erlebnis, zutiefst geschockt: »Ein Mann hat uns überfallen, die Daniela ist noch bei ihm!« Die Frau ruft sofort bei der Gendarmerie an, doch niemand meldet sich – die Beamten sind noch immer beim Großbrand im Reifenlager.

Ein Verhängnis, in diesen Minuten des Todes, unabwendbar. Daniela wehrt sich verzweifelt und hat doch keine Chance. Der kräftige Mann verschwindet mit der Kleinen in der Dämmerung.

Es ist ein Martyrium von unfassbarer Gewalt: Am Ufer der Schwarza, in der Nähe einer aufgelassenen Papierfabrik, fällt der Verbrecher über das Kind her, missbraucht sein kleines Opfer. Dann will er das Mädchen zurücklassen und flüchten. In diesen Minuten

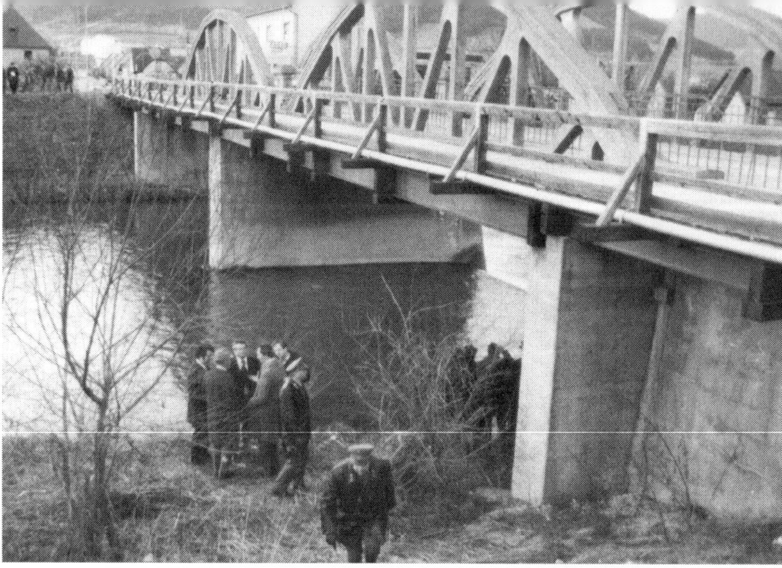

Unter dieser Brücke verlor die Gymnasiastin ihren verzweifelten Kampf gegen ihren Peiniger.

aber machen sich bereits die ersten Beobachter des Feuerwehreinsatzes auf den Heimweg. Zaungäste, die sich ahnungslos der Papierfabrik nähern – für Krausner jedoch sind diese Schaulustigen gefährliche Zeugen. Das Todesurteil für die Elfjährige.

Unzählige Hiebe, mit einem faustgroßen Stein – der 33-Jährige ist unerbittlich, schlägt auf sein Opfer ein. Dieses Mädchen, das nur ein wenig älter ist als seine eigene Tochter.

Doch Daniela, bereits schwer verletzt, sie gibt nicht auf. Sie möchte leben – und lässt sich in das eiskalte Wasser des Flusses fallen, will ihrem Peiniger schwimmend entkommen. Unendlich tapfer; eine kleine Heldin, die seit bald zwei Stunden um ihr Leben kämpft, in ihrem Mut grenzenlos.

Das rettende Ufer auf der anderen Seite des Flusses ist schon in Sicht. Daniela klammert sich mit letzter Kraft an einen Brückenpfeiler. Da ist diese Gestalt wieder über ihr. Ein ungleicher Kampf, auf Leben und Tod, den das Kind unweigerlich verliert.

Am nächsten Morgen wird das tote Schulmädchen bei einer riesigen Suchaktion gefunden. Kurz darauf kann ihr Mörder von der Gendarmerie verhaftet werden. Den entscheidenden Hinweis

Nach der Tat flüchtete der Täter in sein Haus und setzte sich seelenruhig wieder vor den Fernseher …

gibt der 13-jährige Sohn eines Tankstellenpächters: Er hatte Gustav Krausner beobachtet, als dieser in der Nacht vom Tatort nach Hause hetzte. Die Kriminalisten verhören den Verdächtigen, finden bei ihm auch eine durchnässte Hose mit Blutspuren sowie ein Paar feuchte Schuhe – aber erst nach 20 Stunden legt der Familienvater ein Geständnis ab.

Das Protokoll eines grauenhaften Todes. So hatte sich der arbeitslose Spengler unmittelbar nach der Bluttat wieder vor den Fernseher gesetzt, mit seiner Frau einen Krimi angesehen. Und anschließend darüber diskutiert, dass »eigentlich alle Krimis gleich sind und dass man den Täter immer schon vorher erraten kann…«

Doch dieses abscheuliche Verbrechen prägt auch das weitere Leben der Kinder und der Ex-Frau des Mörders. Die 33-Jährige, die gleich nach dem Mord wieder ihren Mädchennamen annimmt und mit den Kindern in die Anonymität der Großstadt Wien flüchtet, ist gebrochen, fassungslos: »Wir haben uns vor fünf Jahren scheiden lassen, als mein Mann wegen einiger Einbrüche für ein paar Monate ins Gefängnis musste. Dennoch wohnten wir weiter zusammen, um für die Kinder zu sorgen.«

Tausende Menschen folgten im März 1977 dem kleinen Sarg, als Daniela beerdigt wurde.

Eine Woche nach der Bluttat wird Daniela beerdigt. Ein Tag, grau in grau, dichter Regen fällt vom Himmel, als der kleine hellbraune Sarg in der Kirche von Gloggnitz aufgebahrt wird. In jenem Gotteshaus, in dem Daniela getauft worden ist und die Erstkommunion empfangen hat. Ein Abschied voller Wehmut und tiefem Leid. Ein Lebewohl in seiner schlimmsten Form.

Mehr als tausend Menschen folgen dem Trauerzug, begleiten die Eltern und Danielas Schwester auf ihrem schwersten Weg. Die 14-Jährige, dieses zarte, groß gewachsene Mädchen, immer wieder bricht sie in Weinkrämpfe aus, zutiefst verzweifelt: »Warum? Sie hat doch nie jemandem etwas getan…«

Daneben, sehr still und bedrückt, die Mitschüler der Gymnasiastin, die in ihren kleinen Händen rosa Nelken halten. Zarte Blüten, der letzte Gruß an die ermordete Freundin.

Als der Kindersarg ins Grab gesenkt wird, bricht die Schwester des toten Mädchens zusammen: »Ich will zu meiner Daniela, ich möchte sie noch einmal sehen…«

Nur zwei Monate später steht Gustav Krausner vor Gericht. Der Psychiater legt eine vernichtende Beurteilung vor: »Ein gefühlskalter und gemütsarmer Psychopath, aber kein Triebtäter. Ein Mörder, der während der Tat ›moralisch erblindet‹ war.« Sein erschreckender Schluss: »Demnach gibt es viele potenzielle Täter, die durchaus zu ähnlichen Taten fähig wären…«

Die gebrochenen Eltern schließen sich dem Prozess an; mit einem symbolischen Schmerzensgeldbetrag von einem Schilling: »Unser Kind ist unersetzlich. Uns geht es vielmehr darum, andere Eltern darauf hinzuweisen, wie leicht auch ihr Kind in so eine Gefahr geraten kann.« Nach mehreren Verhandlungstagen wird Gustav Krausner schließlich zu lebenslanger Haft verurteilt, stirbt Jahrzehnte später, am 5. Dezember 2002, im Gefängnis.

Doch die Eltern kommen nie mehr wieder zur Ruhe. Jahre später meldet sich ein Pater, vertraut der Mutter an: »Der Mörder Ihrer Tochter ist frei und hat eine neue Identität bekommen.« Das gefährliche Geschwätz eines Unwissenden und dennoch Worte, die diese schmerzgebeugte Frau mitten ins Herz treffen: »Ich ertrage es nicht, dass Danielas Mörder wieder den blauen Himmel sehen kann«, vertraut sie sich einer Freundin an; nicht wissend, dass der Verbrecher weiter hinter Gittern sitzt.

15 Jahre nach Danielas Tod stirbt auch ihre Mutter – noch immer in dem fatalen Irrtum, dass der Peiniger ihres Kindes in Freiheit ist. Der Trost an den Gedanken der Gerechtigkeit, er ist ihr verwehrt geblieben. Und so ist Danielas Mutter, das Herz von Trauer zerfressen, ihrem Kind gefolgt. In den Himmel, dort, wo kleine tapfere Engel wohl zu Hause sind.

DIE JUNGE RIVALIN

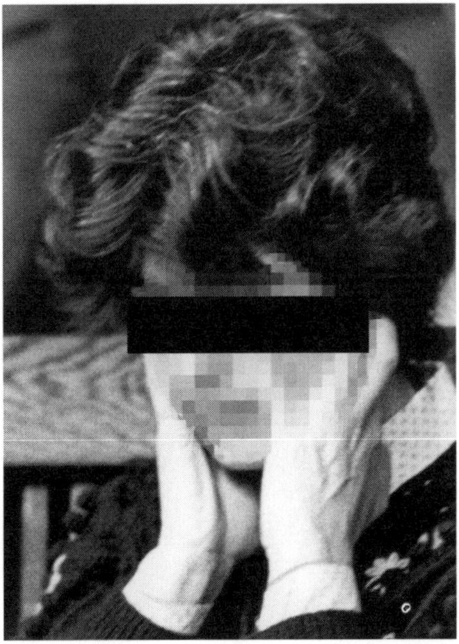

Ein heimliches Verhältnis hat die 40-jährige Sieglinde Z., eine verheiratete Rechtsanwalts-Sekretärin, mit einem um 21 Jahre jüngeren Burschen aus der Nachbarschaft. Doch als er die ältere Geliebte wegen seiner neuen Freundin, einem 16-jährigen Lehrmädchen, verlassen möchte, rächt sich die Frau unvorstellbar grausam. Zuerst lockt Sieglinde Z. die junge Rivalin zu ihrem Haus in St. Andrä-Wördern in Niederösterreich, dann ersticht sie ihr Opfer und vergräbt die zerstückelte Leiche im Garten ...

Entzückende Villen aus der Jahrhundertwende, mit Türmchen und schönen Gärten, säumen die gepflegten Straßen, eingerahmt von bewaldeten Hügeln in herbstlich buntem Laub; die malerische Marktgemeinde St. Andrä-Wördern bei Tulln in Niederösterreich, ein ruhiger und beschaulicher Ort.

Doch es ist ein trügerischer Friede. Denn inmitten dieses Dorfes lebt die 40-jährige Sieglinde Z., Sekretärin eines Rechtsanwalts – eine verbitterte Frau, das Herz von Eifersucht zerfressen. Neid, der nun zur Feindschaft umgeschlagen ist, in tödlichen Hass. Deshalb hat sie einen grässlichen Plan geschmiedet; die Rachsucht einer Frau …

Kurz nach sechs Uhr in der Früh an diesem Mittwoch Mitte Oktober 1982, Sieglinde Z. verlässt ihr Haus. Mit gesenktem Kopf geht die hagere Frau zu ihrem Auto, hat keinen Blick für die Idylle um sich übrig. Dann fährt sie mit dem Wagen über die Landstraße nach Ollern, einem kleinen Ort im Tullnerfeld. Etwa zwölf Kilometer weiter, bei einer Autobus-Station, drosselt sie plötzlich die Geschwindigkeit; fährt im Schritttempo weiter, hinter einem jungen Mädchen her. Es ist die 16-jährige Christine D., die gleich mit dem Bus in die Arbeit fahren möchte.

Kurz vor der Haltestelle hält Sieglinde Z. an, wechselt ein paar Worte mit Christine, dann steigt die Jugendliche in den weißen VW-Golf ein – und wird dabei von einigen Fahrgästen, die noch auf den Bus warten, beobachtet. Diese Passanten, sie sind die einzigen Zeugen, die das Mädchen noch lebend sehen. Denn die 16-Jährige, völlig ahnungslos hat sie nun neben ihrer Mörderin Platz genommen. Einer Verbrecherin, ohne Erbarmen, versponnen in ihren widerlichen Todes-Fantasien …

Fast zehn Stunden später an diesem Mittwoch, Sieglinde Z. besucht eine Nachbarin in St. Andrä-Wördern. Die beiden Frauen sind alleine in der Wohnung; Michael, der Sohn der Bekannten, ein 19-jähriger Lehrling, ist noch nicht zu Hause. Die Sekretärin, wie immer hübsch gekleidet, diesmal aber seltsam aufgeregt: »Der arme Michael, er ist doch so sensibel. Und jetzt soll seine neue Freundin spurlos verschwunden sein. Dabei liebt er sie doch so …«

Worte, scheinbar voller Mitgefühl und trotzdem nur die Heucheleien einer rachsüchtigen Frau.

Das Opfer der grauenhaften Bluttat: Das 16-jährige Lehrmädchen Christine D. aus dem Dorf Ollern im niederösterreichischen Tullnerfeld.

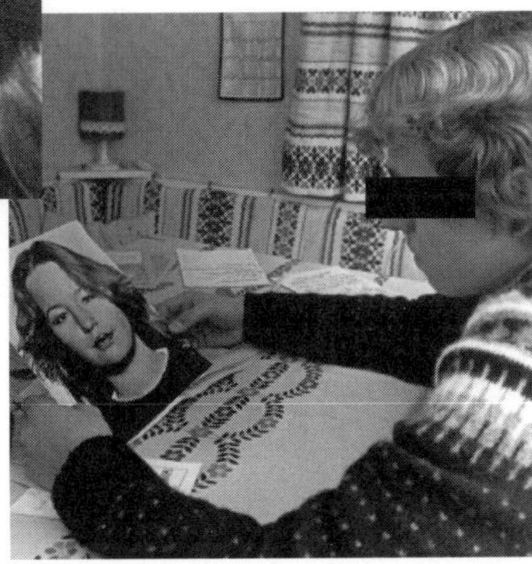

Um diesen Burschen, den 19-jährigen Michael, kämpfte die 40-jährige Sekretärin – und tötete ihre jüngere Rivalin.

Donnerstag Vormittag, Christine ist fast 30 Stunden verschwunden und ihre Eltern in entsetzlicher Angst um die Tochter. Sie haben eine Vermisstenanzeige erstattet und erfahren von den Beamten, dass sich mehrere Zeugen gemeldet haben, die sahen, wie das Mädchen in einen weißen VW-Golf gestiegen ist. Aber der Polizeicomputer wirft mehr als 80 passende Fahrzeughalter aus, die nun allesamt überprüft werden müssen.

Bis der Vater von Christine in seiner grenzenlosen Furcht einen alten Freund anruft, um Beistand bitten möchte – einen Gendarmen vom Posten St. Andrä-Wördern. »Willi«, sagt der Vater zu dem Exekutivbeamten, »meine Christine ist keine Streunerin, die läuft nicht einfach weg. Und auch ihr neuer Freund, der Michael, sitzt ganz ratlos und verzweifelt bei uns …«

Der Gendarm, sorgfältig und aufmerksam, will mehr über diesen Michael in Erfahrung bringen. »Das ist der Michael aus St. Andrä-Wördern, ein Lehrling, mit dem unsere Christine seit drei Wochen befreundet ist«, erwidert der Vater.

Nun ist der Beamte zutiefst beunruhigt. Denn er hat in der Ortschaft schon einige Gerüchte über diesen Burschen gehört; so soll der 19-Jährige der heimliche Geliebte einer verheirateten Frau sein. Seit bald drei Jahren, so munkeln zumindest einige Nachbarn im Dorf. Und diese verheiratete Frau ist die 40-jährige Sieglinde Z., die ebenfalls einen weißen VW-Golf fährt …

Sofort ruft der Kriminalist am Arbeitsplatz der Sekretärin an – doch Sieglinde Z. ist nicht erreichbar; sie hat sich krank gemeldet.

Die verschwundene 16-Jährige und die absonderlichen Gerüchte um diese heimliche Liebschaft – Fakt für Fakt fügt der Beamte alle bisher bekannten Details zusammen. Ein beklemmendes Mosaik; denn dieses Bild, das vor den Augen des Fahnders entsteht, ist ein Bild des Schreckens. Der Revierinspektor befürchtet ein Verbrechen und will deshalb die Villa von Sieglinde Z. sofort durchsuchen; ohne richterlichen Befehl, weil »Gefahr in Verzug« ist.

Um 18 Uhr an diesem Donnerstag steht er mit Kollegen vor der Eingangstür, erkundigt sich bei Sieglinde Z. nach der Vermissten. Doch die hagere Frau mit den herben Gesichtszügen, wie immer sehr beherrscht und kühl, sie gibt sich völlig ahnungslos; die diskrete Unauffälligkeit einer noch perfekt getarnten Mörderin. Die Beamten durchsuchen trotzdem das gesamte Haus, von der 16-Jährigen aber keine Spur.

Christine, dieses hübsche Mädchen, ihr einsames Grab im Garten ihrer Peinigerin wird erst ein paar Stunden später entdeckt – als Alfons Traninger, einer der Spitzen-Kriminalisten Österreichs und damaliger Oberstleutnant der niederösterreichischen Kriminalabteilung, plötzlich Verdacht schöpft: In einer Ecke bei der Terrasse hat er einen kleinen Platz mit lockerem Erdreich entdeckt; ein Boden, der erst vor Kurzem umgegraben worden sein muss.

Die Fahnder nehmen Schaufeln, arbeiten sich durch die Erde – und stoßen in einem halben Meter Tiefe auf Leichenteile. Ein aufgeschlitzter Rumpf. Arme, Beine, Kopf und die Organe aber sind verschwunden. Doch Sieglinde Z. schweigt weiter, selbst als sie vor dem schaurigen Grab steht. 24 Stunden lang, monoton und gelangweilt, beantwortet sie die Fragen der Kriminalisten: »Damit habe ich nichts zu tun …«

Entdeckte merkwürdige Grabstellen im Garten der Verdächtigen: Alfons Traninger (Mitte), einer der Spitzen-Kriminalisten Österreichs und damaliger Oberstleutnant bei der niederösterreichischen Kriminalabteilung.

Ein Bild des Grauens: Auch in der Nacht gruben die Fahnder weiter, legten weitere Leichenteile des Mordopfers frei.

Bei der Verhandlung zeigt der Richter den Geschwornen das Messer, mit dem die 16-Jährige getötet worden war.

Dann gibt sie ihr Leugnen auf, führt die Beamten zu weiteren Gräbern – die Gliedmaßen und andere Leichenteile werden gefunden. Nur die beiden Ringfinger des Mädchens, an denen Christine Ringe ihres neuen Freundes trug, blieben bis heute verschwunden. Dieses grauenhafte Geheimnis der Mörderin, es ist seit Jahrzehnten nicht enträtselt.

Der grausame Tod des Teenagers, der unwissentlich zur jüngeren Rivalin der 40-Jährigen geworden war – für die Eltern eine unfassbare Tragödie.

Ermittlungen der Fahnder ergeben: Sieglinde Z., die seit Jahren mit einem schwer kranken Mann verheiratet war, hatte den Burschen vor drei Jahren kennen gelernt. Nur eine Woche später verführte die damals 37-Jährige den 16-Jährigen erstmals. Ein heimliches Verhältnis, das die beiden auch vor dem Ehemann verbergen konnten.

Bis Michael im September 1982 in einer Diskothek Christine traf. Dieses entzückende, junge Mädchen, in das sich der Lehrling sofort verliebte. 21 Tage, drei Wochen nur, waren die beiden ein Paar, als in Sieglinde Z. der grausame Plan reifte.

Dieses Vorhaben, Christine zu töten. Und so gesteht sie Tage später den Kriminalisten: »Ich wollte das Mädchen zu einer Aussprache einladen. Aber ich habe gewusst, dass ich sie töten werde ...«

So sei es in der Küche des Hauses zu einem Streit gekommen, dann habe sie die junge Rivalin mit einem Jagdmesser niedergestochen und in der Garage zerstückelt.

Ein furchtbares Verbrechen, von langer Hand geplant. Die Sekretärin hatte sich sogar an ihrem Arbeitsplatz krank gemeldet, um ihr grausiges Werk ungestört ausführen zu können. Außerdem hob sie schon Tage zuvor Gruben für ihr junges Opfer aus und kaufte mehrere Betonplatten; als Abdeckungen für die Gräber von Christine, die für immer verschwinden sollte.

Ende Juni 1983 steht die Mörderin vor Gericht. Zitternd vor Angst, aber ohne einen Funken der Reue. Als der Richter sie zu der Verstümmelung der Leiche befragt, antwortet Sieglinde Z.: »Sie können sich nicht vorstellen, wie so etwas ist ...«

Und hält sich dann die Ohren zu, als das Urteil – 20 Jahre Haft – verlesen wird. Aber Sieglinde Z. kommt schon 14 Jahre später wieder frei, im Februar 1996. Ein Kriminalist: »Angeblich durfte sie, von der Justiz genehmigt, einen neuen Namen annehmen, um unerkannt untertauchen zu können. Heute soll die Frau irgendwo im Salzkammergut leben ...«

Nur manchmal wird Sieglinde Z. noch in ihrem Heimatort gesehen. Dann sitzt sie in einem kleinen Kaffeehaus, starre Blicke, regungslos; und ganz in der Nähe dieser Stätte des Grauens, wo sie ihre junge Rivalin so unendlich grausam getötet hat.

MORD IM BLUTRAUSCH

Seit Jahren verfolgt ein Schlosser aus einem kleinen Dorf im Kärntner Mölltal die Verlobte seines Bruders. Bis der 20-jährige Grundwehrdiener im März 1984 durchdreht: Mit einem Messer tötet der Mann die hübsche 27-jährige Frau, verstümmelt ihre Leiche. Der Verbrecher bekommt 20 Jahre, lebt mittlerweile wieder unter uns.

Ein freundlicher, junger Mann, stets hilfsbereit, in der ganzen Nachbarschaft überaus beliebt und angesehen. Immer besonders rücksichtsvoll, zuvorkommend; einer, der mit seinem Auto sogar vorsichtig an Wasserlacken vorbeifährt, damit die Passanten auf den Gehsteigen nur ja nicht nass werden. Der 20-jährige Roland G., ein Maschinenschlosser aus einem kleinen 200-Seelen-Dorf im Kärntner Mölltal, er ist ein zuverlässiger Sohn, scheinbar fehlerlos und vorbildlich. Gerade absolviert er seinen Grundwehrdienst; bekommt Lob und Anerkennung auch vom Österreichischen Bundesheer, das ihm eine hervorragende Dienstbeschreibung ausstellt. Deshalb möchte Roland G., in seiner Freizeit ein begeisterter Sportler, auch direkt im Anschluss nach der Rekrutenzeit in den Staatsdienst übertreten, eine Karriere bei der Gendarmerie einschlagen – die Aufnahmsprüfung für die Stelle bei der Exekutive hat er bereits geschafft.

Und doch ist diese Perfektion trügerisch; nur eine perfekte Maske, hinter der sich die wahre Seele verbirgt.

Ein Musterknabe mit der Seele eines Monsters.

Aber noch kann Roland G. diese gefahrvollen Visionen verstecken, bleibt weiter der hilfsbereite, junge Mann. In seinen geheimsten Wünschen hingegen gibt es nur noch Monika, die 27-jährige Verlobte seines Bruders. Das Paar, das gerade selbst ein kleines Eigenheim baut, wohnt bis zur Fertigstellung mit ihm gemeinsam in seinem Haus. Und diese hübsche Frau möchte er »haben«, um jeden Preis.

Eine fatale Leidenschaft, krankhaft und voller Unheil, die an einem Sonntag Mitte März 1984 zum Ausbruch kommt…

Ein sonnenheller Wintertag, unzählige Skifahrer tummeln sich auf den Pisten rund um den Mölltaler Gletscher. Auch Roland G. nützt das schöne Wetter für eine Skitour mit Bekannten. Danach kehren die Freunde in einer Hütte ein, trinken einige Gläser Bier und sogenannten »Jagatee«, eine Mischung aus Schnaps und Tee; auch Roland G., der sonst eher selten Alkohol konsumiert, macht bei der fröhlichen Runde mit.

Kurz darauf verabschiedet er sich, fährt nach Hause. In Gedanken wieder ganz bei »seiner« Monika, aber es sind Bilder voll abgründiger Perversion, grauenvoll und ekelhaft.

Eine liebenswerte, junge Frau und Mutter eines Babys: Die 27-jährige Monika L., die vom Bruder ihres Verlobten getötet wurde.

Roland G. ist gerade zu Hause angekommen, als er ein Küchenmesser an sich nimmt, in sein Zimmer geht – und wie von Sinnen auf seine Matratze einsticht, die Liegestatt zerfetzt.

Die entsetzliche »Generalprobe« eines irren Mörders, der sich inmitten seiner krankhaften Leidenschaft in einen Dämon verwandelt.

Kurz nach 19 Uhr ist der Rekrut mit der jungen Frau allein zu Hause – sein Bruder hat bereits eine Stunde zuvor das Haus verlassen; er kommt immer nur übers Wochenende heim, ansonsten arbeitet der 27-Jährige in München.

Leise schleicht der Schlosser zu der Küche, in seiner Hand wieder das Küchenmesser. Monika L. wird von dem Angriff völlig überrascht – der Soldat, wie im Blutrausch sticht er immer wieder auf sein Opfer ein. Diese zarte, kleine Frau, Mutter eines acht Monate alten Babys, das im Nebenzimmer in seinem Gitterbett schläft. Mit letzter Kraft fleht sie verzweifelt um ihr Leben: »Denk doch an mein Kind …!«

In diesem romantischen Holzhaus im Kärntner Mölltal kam es zu dem grauenvollen Mord.

Die beschwörenden Hilferufe der Sterbenden, sie verklingen ungehört – Minuten später ist die junge Mutter tot. Der Mörder aber lässt nicht ab von seinem Opfer; verstümmelt die Leiche, gnadenlos und grausam. Wie ein Pathologe öffnet er die Leiche, entnimmt das Herz der Toten, sticht dem Leichnam die Augen aus. Dann versucht er, sein Opfer zu zerstückeln – »er muss im Blut der Frau gebadet haben«, so später das Gutachten des Gerichtsmediziners: »Der Tatort erinnert an eine Blutorgie, wie sie bei sogenannten schwarzen Messen von Satansanhängern abgehalten wird.«

Aber es ist das sadistische Werk eines Musterknaben, der zur Bestie mutierte.

Gegen 21 Uhr kommt die Mutter des Schlossers zu dem romantischen Holzhaus, das der Sohn erst vor Kurzem von seinem Vater geerbt hatte. Sie möchte sich von dem Soldaten verabschieden, weil er um 22 Uhr seinen Dienst beim Heer antreten soll und bald zu der Kaserne fahren muss. Doch der Sohn meldet sich nicht – deshalb öffnet die Mutter das Haustor und findet bereits im Flur Blutspuren. Sofort alarmiert die verängstigte Frau die Gendarmerie; kurz darauf bricht der Postenkommandant der Gendarmerie die verschlossene Küchentür mit einer Hacke auf – und findet die grässlich entstellte Leiche.

Eine Großfahndung nach dem tatverdächtigen Roland G. wird ausgelöst. Zugleich ermitteln die Beamten auch im engsten Umfeld des 20-Jährigen, finden in seinem Zimmer ein Buch über die Wiener Gerichtsmedizin, »Detektive mit dem Skalpell«; außerdem erfahren die Fahnder, dass sich der Verdächtige speziell für extrem brutale Horror-Videos interessiert. Allesamt Spuren, die erste Hinweise auf die gefährlich kranke Seele des Rekruten geben.

Der Mörder indes bleibt verschwunden; nur sein Auto kann sichergestellt werden, offenbar ist der Täter beim Bahnhof mit dem Fahrzeug im Schnee stecken geblieben und deshalb zu Fuß weitergeflüchtet. Dann meldet sich ein Zeuge: Der Gesuchte ist in die Talstation einer Liftanlage am Reißeck eingedrungen; zuerst stärkte er sich mit drei Stück Apfelstrudel, dann fügte sich Roland G. mit einem Tortenmesser oberflächliche Schnitte an den Handgelenken zu, ehe er einen Abschiedsbrief verfasste. Zeilen, die ein Angestellter der Liftstation findet; in schwarzer Tusche aufgesetzt, voller Selbstmitleid: »… ich habe versucht, die Pulsadern aufzuschneiden, doch bin dabei nicht weit gekommen …«

Weil der Soldat auch Proviant für seine weitere Flucht mitgenommen hat, wird die Fahndung über das gesamte Mölltal ausgestreckt, auch Hubschrauber sind im Einsatz. Drei Tage nach der Bluttat ist die Jagd zu Ende – der Mörder, der sich unter einem riesigen Strohhaufen in einem Heustadel versteckt hält, wird von einem Fährtenhund der Gendarmerie aufgespürt. Nur über das grauenhafte Verbrechen selbst möchte er nicht sprechen.

Dann wird das Standesamt der Gemeinde zur Vernehmungszelle umfunktioniert. Jener Trauungssaal, in dem das Mordopfer in wenigen Wochen den Vater ihres Babys hatte heiraten wollen. Nach Stunden ist Roland G. endlich bereit zu einem Gespräch mit den Verhörspezialisten, gesteht die entsetzliche Tat in allen Details:

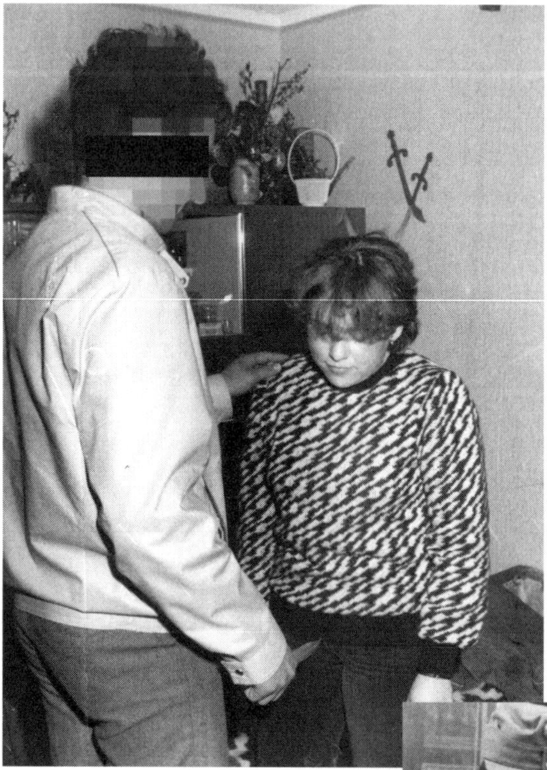

Mit einem Gummimesser musste der Täter später das Verbrechen noch einmal rekonstruieren.

Ein Gendarm mit »Tasso« – der Suchhund spürte den Mörder in einem Strohhaufen auf.

»Sie war nicht gleich tot, sie hat noch so laut um Hilfe gerufen, ich musste doch schauen, dass sie still wird …«

Neun Monate später steht Roland G. vor Gericht und nun fleht er unter Tränen: »Bitte geben Sie mir die Höchststrafe, aber ersparen Sie mir, die Tat noch einmal zu schildern …«

Das Urteil der Geschwornen: 20 Jahre. Der Staatsanwalt in seinem Plädoyer: »Schade, dass die Höchststrafe nur 20 Jahre ist. Denn während für den Angeklagten danach noch ein Leben beginnt, ist das des Opfers auf bestialische Weise beendet worden.« Eine Einweisung in eine Anstalt für geistig abnorme Rechtsbrecher erfolgt nicht – der Anwalt des Angeklagten: »… weil der Täter durch ein Gutachten für zum Tatzeitpunkt zurechnungsfähig erklärt wurde, forderte weder das Gericht noch die Geschwornen diese Maßnahme …«

Das eigentliche Drama in diesem Drama: Bereits drei Jahre vor der grauenhaften Bluttat, am 11. Mai 1981, hatte Roland G. die Verlobte seines Bruders schon einmal attackiert. Mit einem Messer zerfetzte er ihren Pullover, Monika erlitt schwere Schnittverletzungen an der Brust und an den Händen, hatte seitdem panische Angst vor dem Mann: »Er sieht manchmal völlig fremd aus …« Und auch der Lehrling selbst bat damals um Hilfe: »Bitte bringt mich zu einem Arzt, es ist etwas Unheimliches in mir.«

Daraufhin wurde der 17-Jährige von seiner Mutter zu einem Psychiater nach Klagenfurt gebracht. Doch der Spezialist beruhigte: »Das sind nur pubertäre Schwierigkeiten, die mit der Zeit sicher vergehen werden …«

Eine verhängnisvolle Beurteilung und eine Diagnose, die in einer unfassbaren Katastrophe endete: Der Tod der jungen, liebenswerten Frau – deshalb so schmerzlich bitter, weil es eine vorhersehbare Tragödie war; eigentlich wie ein Tod auf Raten, der einem Kind die Mutter genommen hat – die heute 24-Jährige musste bei den Großeltern aufwachsen. Ein Desaster aber ebenso der Umstand, dass Roland G. wieder frei ist, sein »neues Leben« begonnen hat. Ob »das Unheimliche in ihm« geheilt ist, darüber schweigen sich die zuständigen Gerichte allerdings aus.

ENTFÜHRUNG IN DEN TOD

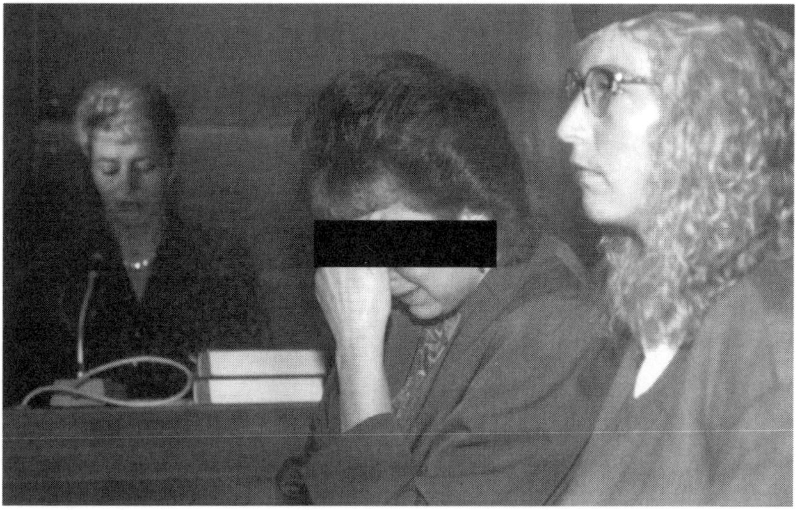

Weil sie Schulden hat, lockt die 29-jährige Doris F. im Tiroler Ort Münster den Schulfreund ihres Sohnes unter einem Vorwand zu der Kirche des Dorfes, entführt den Buben und will von den Eltern im März 1995 eine halbe Million Schilling erpressen. Aber als der achtjährige Patrick zu weinen beginnt, erstickt Doris F. ihr kleines Opfer. Dann packt sie das Kind in eine Sporttasche, die sie im Kasten versteckt. Am nächsten Tag kann die Mörderin, Ehefrau eines Kriminalbeamten, verhaftet werden – sie wird später zu lebenslanger Haft verurteilt.

Die kleine Dorfschule der 2500-Seelen-Gemeinde Münster im Tiroler Unterland Mitte März 1995: In einer Klasse hängt ein Foto, es zeigt einen entzückenden Buben, strahlende Augen, ein glückliches Lächeln im kleinen Gesicht. Der achtjährige Patrick – ein fröhliches, unbekümmertes Kind; die ganze Freude, der Lebensinhalt seiner Eltern. Unter dem Bild ist ein großes, weißes Blatt Papier befestigt, auf das jeder Schüler mit ungelenker Schrift ein paar Worte gekritzelt hat. »Ein sehr lieber Freund«, »Ich werde dich nie vergessen ...«

Es sind Worte des Abschieds und des Gedenkens, letzte Grüße voll tiefem Schmerz; aufgeschrieben von kleinen Seelen, die nicht verstehen können. Denn Patrick ist tot, ermordet. Von der Mutter eines Schulkollegen. Die grenzenlose Trauer um ein Kind, das noch ein ganzes Leben, seine Zukunft, vor sich hatte.

16. März 1995, ein Donnerstag: Es ist etwa 15 Uhr, als bei Patricks Eltern das Telefon läutet. Eine Frau ist am Apparat; mit freundlicher Stimme stellt sie sich als Leiterin der Erstkommunions-Gruppe vor, kündigt für 19 Uhr eine Chorprobe in der örtlichen Kirche an – und bittet darum, Patrick pünktlich zu dem Treffpunkt zu bringen. Das hinterhältige Vorhaben einer Teufelin.

Aber die Eltern sind völlig ahnungslos, schöpfen keinen Verdacht – denn schon in den nächsten Wochen soll der kleine Patrick im schönen, neuen Anzug erstmals die Kommunion empfangen – am sogenannten »Weißen Sonntag« vor dem Altar des Gotteshauses; also finden sie auch nichts dabei, dass der Bub als Vorbereitung für diesen festlichen Tag zuvor noch an einer Probe des Kirchenchors teilnehmen soll.

Und so kommt Patricks Vater pünktlich zu dem vereinbarten Treffpunkt, lässt den Buben schnell aussteigen, fährt jedoch gleich weiter; weil seine Tante gestorben ist, möchte der gläubige Mann zum gemeinsamen Rosenkranz-Beten mit der Familie in die Kirche nach Jenbach fahren.

»Mach's gut, Patrick, bis später«, ein letzter Gruß, dann fährt der Vater los. Aber es ist das letzte Mal, dass der Vater sein Kind sieht. Denn vor der Kirche wartet eine Frau, die Patrick sehr gut kennt. Und doch geht diese Frau nun daran, ihren grauenhaften Plan in

Das Opfer des grauenhaften Verbrechens: Der achtjährige Patrick, der von seiner Entführerin erwürgt und erstickt worden war.

die Wirklichkeit umzusetzen; es ist eine ekelhafte Intention, wie der schäbige Pakt mit dem Teufel.

Nur eine Viertelstunde, nachdem der Vater seinen Sohn vor der Kirche abgesetzt hat, läutet im Haus der Familie erneut das Telefon. Es ist genau 19.15 Uhr, als sich wieder eine Frau meldet; unbeholfen einen jugoslawischen Dialekt imitierend, verlangt die Unbekannte ohne Umschweife 500.000 Schilling für die Freilassung des Buben. Kurz darauf alarmieren die geschockten Eltern die Gendarmerie und klammern sich gleichzeitig doch an die Hoffnung, dass diese Geiselnahme nur ein schrecklicher Irrtum sei.

Ein entsetzlicher Traum, aus dem es ein Erwachen gibt. Denn die Anruferin hat sich zwar bemüht, wie eine Ausländerin zu sprechen, dennoch war ihr Tiroler Tonfall deutlich zu erkennen; deshalb glauben die Eltern, dass es ihrem Sohn gut geht, ihm auch nichts passiert.

Dann der nächste Anruf, um 20 Uhr. Nun holt die mysteriöse Entführerin das Kind sogar zum Telefon. Patrick, dieser kleine Bub, der seiner Peinigerin noch immer blind vertraut, die tödliche Gefahr nicht erkennt; er spricht mit seinen Eltern, seine kleine Kinderstimme, sie ist fröhlich und völlig arglos: »Mir geht es gut, ich habe gerade gegessen.« Es sind die letzten Worte, die Patrick mit seiner Mutter und dem Vater sprechen kann. Zwei Sätze, die sich für immer in die Herzen der Familie brennen.

Diese Nacht der Angst, für die Eltern eine endlose Folter, kaum zu ertragen. Minuten, die zu Stunden werden, bis die Entführerin sich erneut meldet. Und die Unbekannte ruft wieder an, insgesamt noch acht Mal telefoniert sie mit den Verwandten ihres kleinen Opfers, wiederholt ihre Forderungen, in dieser Nacht des Grauens.

Am Freitag um 6.30 Uhr in der Früh gehen die Verhandlungen weiter. Die Kidnapperin verspricht einen Anruf um 12.15 Uhr. Auf die verzweifelten Bitten des Vaters, den kleinen Sohn kurz sprechen zu dürfen, aber weicht sie aus: »Patrick schläft noch, er ist gestern lange aufgeblieben …«

Eine Antwort voll Zynismus, denn zu diesem Zeitpunkt ist der Kleine schon seit Stunden tot.

Pünktlich um 12.15 Uhr ist die unheimliche Fremde erneut am Telefon, möchte die Geldübergabe auf Samstag verschieben. Und tappt in die Fangschaltung der Post. Nun haben die Fahnder die Adresse der Entführerin; sie wohnt in einem abgelegenen Haus am Ortsrand von Münster, ganz in der Nähe von Patricks Familie.

Minuten später umstellt ein Großaufgebot der Exekutive das Anwesen, verhaftet die 28-jährige Doris F., Ehefrau eines Kriminalbeamten – und Mutter eines achtjährigen Buben. Vorerst leugnet die Verdächtige jeden Zusammenhang mit der Entführung, bricht aber kurz darauf im Verhör zusammen. Und führt die Ermittler zu einem Kinderzimmer im ersten Stock ihres Hauses; öffnet einen Schrankraum, deutet wortlos auf eine kleine Sporttasche. Die erschütterten Beamten finden den kleinen, toten Buben.

Ein unfassbares Drama. Die Mörderin hatte ihr Opfer gut gekannt – weil ihr Sohn und Patrick gemeinsam in eine Klasse gingen. Deshalb war der Bub auch nicht argwöhnisch geworden, als die Frau ihn mit nach Hause nahm. Er hatte der »Tante«, die zudem auch noch seine »Tischmutter« in der Erstkommunions-Gruppe war, sorglos vertraut. Diese Natürlichkeit; eine Arglosigkeit, die nur Kindern vorbehalten ist – und von dieser Entführerin missbraucht wurde, grausam und ohne einen Funken menschlichen Erbarmens.

Schließlich legt die Täterin ein Geständnis ab. Es ist das gewissenlose Schuldbekenntnis einer Mörderin, die ihre Tat kaltblütig geplant hatte. So war ihr Mann an diesem Donnerstag bei seinen Freunden im Tennisverein, wollte erst spät am Abend nach Hause

In diesem Haus am Dorfrand von Münster in Tirol kam es im ersten Stock zu der furchtbaren Tragödie.

kommen; und der Sohn, der an einer Kinderkrankheit laborierte, wurde schon seit einer Woche bei den Großeltern gepflegt – somit konnte Doris F. sichergehen, dass niemand ihr entsetzliches Vorhaben stören würde.

Erst lockte sie ihr kleines Opfer zum Haus, rief kurz darauf das erste Mal bei seinen Eltern an; Patrick indes saß in diesen Minuten nichts ahnend im Kinderzimmer seines Schulkollegen, blätterte in dessen Bilderbüchern und glaubte immer noch an einen harmlosen Besuch bei seinem Freund.

Gegen 21 Uhr dann wollte sich der Bub verabschieden: »Ich gehe jetzt nach Hause …« Doch Doris F. hielt Patrick fest; daraufhin begann das Kind zu weinen: »Bitte, bitte, lass mich heim zu meiner Mama und dem Papa …«

Verzweifelte Tränen, Hilfeschreie – in der Entführerin fielen die letzten Schranken; sie würgte das Kind, drückte ihm einen Polster auf das kleine Gesicht. Fast eine Viertelstunde lang, obwohl Patrick schon nach ein paar Minuten tot gewesen sein muss.

Danach verstaute Doris F. den kleinen Leichnam in der Sporttasche, die sie in den Schrankraum brachte – und wartete seelenruhig die Rückkehr ihres Mannes ab. Legte sich dann gemeinsam mit ihm schlafen und tauschte sogar Zärtlichkeiten aus – neben dem toten Kind im Schrank.

Patricks letzter Weg: Seine Freunde vom Fußballverein begleiten den kleinen Sarg.

Nach dem gewaltsamen Tod des Buben hisste der Schuldirektor die schwarze Fahne vor der Volksschule.

Das letzte Klassenfoto mit Patrick (letzte Reihe, links oben).

Bei den Ermittlungen stellt sich heraus: Doris F., die als Verkäuferin in einem Supermarkt arbeitete, hatte ziemlich hohe Schulden, von denen ihr Mann nichts wusste. Überdies hätte ein paar Tage später die Bank einen Kredit fällig gestellt. Dies wollte die Ehefrau und Mutter verhindern, um jeden Preis, und nahm dafür sogar den Tod eines Kindes in Kauf.

Im September 1995 muss sich die Entführerin für ihre Tat vor Gericht verantworten und wird zu lebenslanger Haft verurteilt.

Der kleine Patrick, der unvergessen bleibt. Denn sein Lächeln und seine Freundlichkeit bleiben für immer in den Herzen seiner Familie. Aber dieses Verbrechen hat eigentlich auch ein zweites Opfer gefordert: Den Sohn der Mörderin, der mit der Gewissheit aufwachsen musste, dass seine Mutter seinen Freund getötet hat. Zwei kleine Buben und ihr Schicksal; ein Verhängnis, hart und unerbittlich.

MORD AN EINEM MÖRDER

Der »irre Gnom« Alfred Engleder aus Sierning in Oberösterreich: In den 50er-Jahren überfällt er sechs Frauen, schlägt sie mit einem sogenannten Maurerfäustl nieder – für zwei Opfer kommt jede Hilfe zu spät. Der Doppelmörder wird zu lebenslanger Haft verurteilt. Als der »längste Lebenslängliche« Österreichs nach 33 Jahren entlassen wird, findet er im Wiener Schottenstift Unterschlupf – und wird in seiner Klosterzelle von einer Prostituierten erstochen …

Ein gespenstisches Dunkel, unheimlich und düster; Wolken verdecken den Mond, leichter Nieselregen hüllt die Stadt in trostloses Grau. Es ist die Nacht vor dem Karfreitag 1993, als Pater Bonifaz, ein 46-jähriger Geistlicher des altehrwürdigen Schottenstiftes im Herzen von Wien, über den finsteren Klosterhof geht. Leise Schritte, fast lautlos; der Seelenhirte ist tief im Gebet versunken, nur der Glockenschlag um genau 23 Uhr unterbricht kurz seine Andacht.

Doch es ist die Stunde des Todes – der Pfarrer bleibt unvermittelt stehen, in der Finsternis hat er leise Schreie gehört. Eilig geht Pater Bonifaz weiter, immer diesen Hilferufen nach – und sieht im spärlichen Lampenschein hinter dem vergitterten Fenster einer engen Klosterzelle eine gekrümmte Gestalt. Einen kleinen Mann, zwischen dessen Schultern ein Messer steckt. Sofort hastet der Geistliche zu einer nahen Telefonzelle, alarmiert die Polizei.

Der Mord an einem Mörder. Dieser 73-jährige Mann, der kurz darauf im Krankenhaus stirbt, war einer der gefährlichsten Verbrecher Österreichs. Alfred Engleder aus Sierning in Oberösterreich, der »Mörder mit dem Maurerfäustl«. Eine Spukgestalt, die jahrelang ihr Unwesen getrieben hatte. Von unseligen Visionen besessen.

Alfred Engleder, der Gnom. Nur 1,54 Meter groß, Schuhgröße 36. Ein Versager, unscheinbar und farblos, oft ohne Arbeit, kein Erfolg in der Liebe. Seine erste Niederlage steckt er zu Beginn der 50er-Jahre ein. »Fred«, wie sich der nun erwachsene, aber klein gebliebene Mann nannte – er kehrte nach der Entlassung aus der russischen Gefangenschaft in die Heimat zurück und lernte ein Mädchen kennen. Doch die Angebetete drückte sich vor den Rendezvous mit dem mickrigen Heimkehrer, traf sich lieber mit stattlichen Ami-Besatzern.

Der »Grundstein« für Engleders unbändigen Hass auf Frauen. Eine Abneigung, die er jedoch perfekt hinter der Maske des Biedermanns und Familienvaters verstecken kann – zweimal heiratet »Fred«; die erste Ehe aber wird bereits nach zwei Jahren wieder geschieden. Im Kopf indes wuchern diese bösartigen Fantasien, eben jene Frauen zu erniedrigen, büßen zu lassen als vermeintlich Schuldige an seinem angeblich verpfuschten Leben, ungehindert weiter.

Die 22-jährige Herta F. (kleines Foto) und ihr Grab – sie wurde am Pfingstmontag 1957 von Engleder ermordet.

Grauenhafte Visionen, die erstmals im Juli 1951 zum Ausbruch kommen. Engleder hat soeben seinen Arbeitsplatz verloren, ist voller Zorn – und will sich nun »rächen«. Eine einsame Landstraße, »Fred« fährt mit seinem Fahrrad gerade nach Hause, als sein Blick an einer hübschen 21-jährigen Frau hängen bleibt. Der Blick eines kleinen, unauffälligen Dämonen – Alfred Engleder zieht aus der Fahrradtasche sein »Maurerfäustl«, schlägt zu. Unbarmherzige Hiebe, voller Gewalt; das Opfer überlebt mit schweren Verletzungen. Der Täter taucht unter, hat panische Angst, ausgeforscht zu werden, und verschwindet in der sicheren Tarnung des fürsorglichen Ehemanns.

Vier Jahre später das nächste Attentat. Wieder ist der irre Zwerg auf seinem Fahrrad unterwegs, als er über eine 27-jährige Krankenschwester herfällt. Auch sie überlebt wie durch ein Wunder.

Nur 75 Tage danach, im November 1955, holt er bei Steyr seinen Hammer hervor; auf einem kleinen Gemeindeweg will er eine 24-jährige Fabrikarbeiterin überwältigen – und gerät erstmals an ein ihm überlegenes Opfer. Die wesentlich größere und stärkere Frau setzt sich zur Wehr, kann den unheimlichen Fremden in die Flucht schlagen.

Für Engleder eine weitere Demütigung; deshalb sucht er nun verbissen nach neuen Opfern. Die Beharrlichkeit einer Bestie – nach nur vier Tagen trifft »Fred« auf die schwarzhaarige Krankenschwester Bernhardine F. (25), die mit ihrem Freund und Chef, einem Narkosearzt, verabredet ist. Erneut holt der Gnom mit dem mörderischen Hammer aus …

Es sind Minuten voll grauenhafter Dramatik: Mit letzter Kraft richtet sich die Frau auf und bittet ausgerechnet ihren Peiniger um Hilfe. Doch Engleder kennt kein Erbarmen, schleppt die Schwerverletzte über eine Böschung an die Steyr, knebelt und vergewaltigt die Frau am Flussufer – die Narkoseschwester stirbt Stunden später unter unsäglichen Qualen.

Eine Bluttat, die auch ein zweites Opfer fordert: Denn genau zu dem Zeitpunkt, als Bernhardine F. verzweifelt um ihr Leben kämpft, fährt der Narkosearzt mit seinem grauen Fiat diese Straße neben dem Steyr-Ufer immer wieder auf und ab, sucht die Geliebte …

Kurz darauf melden sich Zeugen bei der Gendarmerie – sie haben das Kennzeichen des grauen Fiat, dem vermeintlichen Fahrzeug des Verbrechers, notiert. Nur zwei Tage danach wird der Mediziner von den Mörderjägern einvernommen und nach einigen Stunden verhaftet. Als »Bestie von Sierning«.

Insgesamt 187 Tage, mehr als ein halbes Jahr, sitzt der Mann im Gefängnis, ehe seine Schuldlosigkeit bewiesen werden kann. Dennoch blieb der Arzt jahrelang arbeitslos und musste sich mühsam eine neue Existenz aufbauen.

Alfred Engleder aber zieht die Spuren des Bösen weiter. Pfingstmontag 1957, »Fred« erzählt seiner Frau, dass er ins Kino fahren möchte. Tatsächlich aber radelt er zu seiner Bastlerwerkstatt, holt den Hammer – und lauert bei einem Sportplatz der 22-jährigen Herta F. auf. Ein einziger Hieb, das Opfer sinkt zu Boden. Schreie voller Todesangst, die junge Frau wehrt sich verzweifelt, ein Kampf auf Leben und Tod. Mit letzter Kraft kann sich der Verbrecher losreißen, missbraucht die 22-Jährige und holt danach zum tödlichen Schlag aus. »Dann habe ich mein Ohr an ihre Brust gelegt, um ihre Herztöne zu hören. Aber es war aus«, so Engleder Jahre später bei seinem Prozess. Worte, zynisch und erbarmungslos; das Geständnis einer Bestie.

Nach diesem zweiten Mord fühlt sich Engleder jedoch erstmals

Das altehrwürdige Schottenstift im Herzen Wiens wurde 1993 Schauplatz eines Mordes.

Doppelmörder Alfred Engleder kurz nach seiner Entlassung aus dem Gefängnis.

unsicher – und beschließt, eine falsche Spur zu legen. Gnadenlose Brutalität als »Ablenkungsmanöver«: Weitab von Sierning wird die 24-jährige Maschinenstrickerin Herta S. in der Ortschaft Rohr von dem »Maurerfäustl« getroffen, kann dem zweiten Schlag im letzten Moment ausweichen – ein Motorradfahrer, der gerade vorbeikommt, rettet der Frau das Leben, »Fred« kann noch einmal flüchten.

Das letzte Attentat des irren Gnoms. Danach will er sich nach Tschechien absetzen. Auf der Flucht kommt der Doppelmörder an einer Baumschule im niederösterreichischen Niederfladnitz vorbei, beobachtet durch ein Fernglas einige Frauen bei der Arbeit – und wird von einem Forstwart als »Wüstling« gestellt. Als sich Engleder nicht ausweisen kann, bringt ihn der Mann zur Zollwachestation. Doch auf halbem Weg gesteht »Fred« dem Waidmann plötzlich: »Du hast einen schönen Fang mit mir gemacht, auf meinen Kopf sind 10.000 Schilling Belohnung ausgesetzt. Ich bin der gesuchte Frauenmörder aus Sierning. Aber bitte mach kein Aufsehen, sonst kommt es zu einem Volksauflauf ...«

Mit diesem Messer erstach die Geheimprostituierte den Doppelmörder im Kloster …

… und wurde vor Gericht wegen Mordes verurteilt.

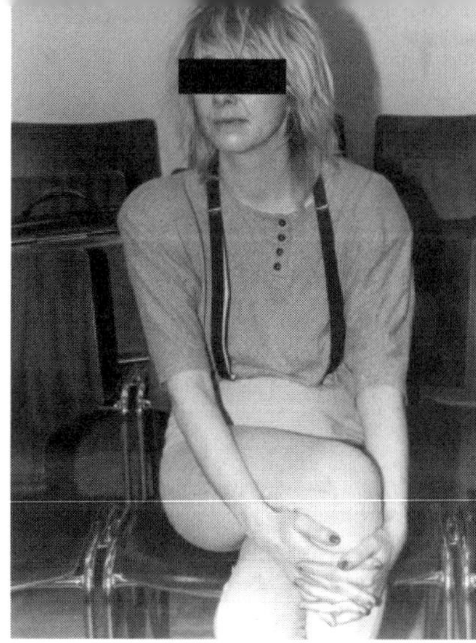

Die jahrelange Jagd nach dem heimtückischen Verbrecher ist zu Ende – er wird verhaftet und kurz darauf vor Gericht gestellt. Vor seinem Richter allerdings streitet Alfred Engleder die Morde ab, will lediglich die Überfälle zugeben: »Ich bin von Frauen immer nur gedemütigt und ausgespottet worden.« Die Indizien aber sind eindeutig, der Frauenmörder bekommt lebenslange Haft. Und wird Österreichs »längster Lebenslanger«: 33 Jahre sitzt er in den Gefängnissen, stellt mehrere Begnadigungsgesuche, die allesamt abgelehnt werden.

Bis »Fred« 1991 doch entlassen wird und im Wiener Schottenstift Unterschlupf findet; als Kunsttischler. Zwei Jahre später lernt er eine 26-jährige Geheimprostituierte kennen. Immer öfter bringt er die Frau mit ins Kloster, wird deshalb auch mehrmals vom Abt verwarnt.

Dann diese Nacht vor dem Karfreitag im April 1993: Wieder hat der Doppelmörder die 26-Jährige in seine enge Zelle mitgenommen. Doch Sonja ekelt vor dem kleinen Mann – sie nimmt ein Messer, sticht den 73-Jährigen nieder. Flüchtet dann mit der Straßenbahn, wird aber drei Stunden später von der Polizei festgenommen.

Diese Nacht im Kloster und ihr blutiges Ende: Der Mörder, der Frauen abgrundtief hasste, wird von einer Frau ermordet. Ein Tod, dunkel und düster; unheimlich wie das ganze Leben des Frauenmörders.

»PAPA, WAS IST MIT DER MAMA LOS?«

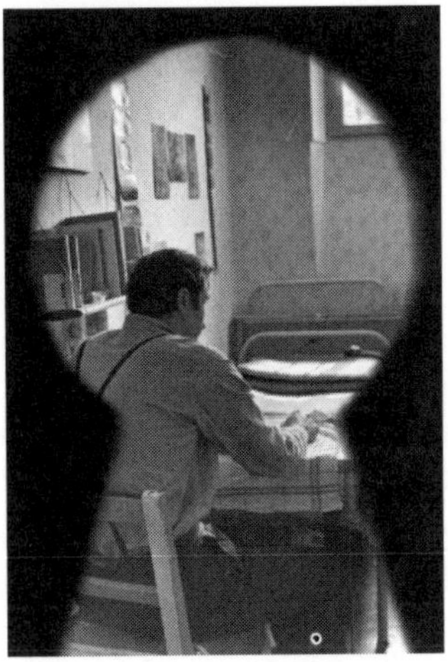

Bei einem Streit mit seiner Ehefrau dreht der 28-jährige Reinhart B., ein Bassgeiger beim Sinfonie-Orchester des Österreichischen Rundfunks, plötzlich durch – und erwürgt die 31-Jährige im September 1973 in der gemeinsamen Wohnung in Wien. Minuten darauf tötet er auch seinen fünfjährigen Sohn Roland, der zum Augenzeugen der Bluttat wurde. Zwei Tage lang versteckt der Musiker die beiden Opfer in einem Kasten, dann bringt er die tote Ehefrau zu einem Rübenacker, den kleinen Buben wirft Reinhart B. in die Senkgrube einer Toilette. Und verrät sich kurz darauf bei den Kriminalisten, als er Frau und Sohn abgängig melden möchte ...

Traumhafte Melodien schwingen durch den Saal, die klaren Töne der Violinen verschmelzen zu einer brillanten Einheit mit den anderen Instrumenten des Ensembles. Es ist ein auserlesenes Konzert des ORF-Sinfonieorchesters, das den Besuchern an diesem Freitag Mitte September 1973 geboten wird. Nach fast zwei Stunden setzen die Musiker dann zum glanzvollen Finale ein – die Gäste sind begeistert, bejubeln die Darbietung mit stürmischem Beifall, zollen den Künstlern ihre Anerkennung. Und die Musiker genießen diesen Applaus, bedanken sich mit tiefen Verbeugungen vor ihrem Publikum.

Nur der Bassgeiger des Orchesters wirkt seltsam teilnahmslos, fast gleichgültig. Der 28-jährige Reinhart B. – ein Mann, der ein schreckliches Geheimnis verbirgt …

Kurz darauf verabschiedet er sich von seinen Musikerkollegen, geht durch die dunkle Nacht nach Hause in seine Wohnung in der Wiener Leopoldstadt. Dann setzt sich Reinhart B. an den Tisch, isst eine Kleinigkeit. Doch über diesen Zimmern lastet eine beklemmende Ruhe. Denn der Mann, der sich nun gemächlich niederlässt, ist ein Doppelmörder; und diese seltsame Stille, die sich über die Räume gelegt hat, ist das hässliche Schweigen des Todes: In einem Kasten dieser Wohnung liegen zwei Leichen. Die Ehefrau und der fünfjährige Sohn des Bassgeigers …

Zwei Tage zuvor, am 19. September 1973. Reinhart B., ein unauffälliger Mann mit schmalem Gesicht und dunklen Augen, kommt von der Probe heim. Rasch begrüßt er seine Frau Rosa; dann macht er gleich wieder kehrt, möchte noch schnell einige Besorgungen erledigen. Für die 31-Jährige offenbar ein Affront – schon seit mehreren Monaten sind zwischen den Eheleuten wegen der abendlichen Konzerte und der unterschiedlichen Arbeitszeiten des Mannes immer wieder heftige Auseinandersetzungen entbrannt. So auch an diesem späten Nachmittag: »Willst du uns schon wieder alleine lassen?«, schreit die Frau über den Gang des Wohnhauses. Reinhart B. sind die Schimpfereien unangenehm, er möchte die Mutter seines fünfjährigen Sohnes Roland zurück in den Flur drängen. Und rastet dabei völlig aus.

Packt seine Ehefrau am Hals, drückt zu. »Hör doch auf, du bringst mich noch um«, die letzten Worte der 31-Jährigen, voller

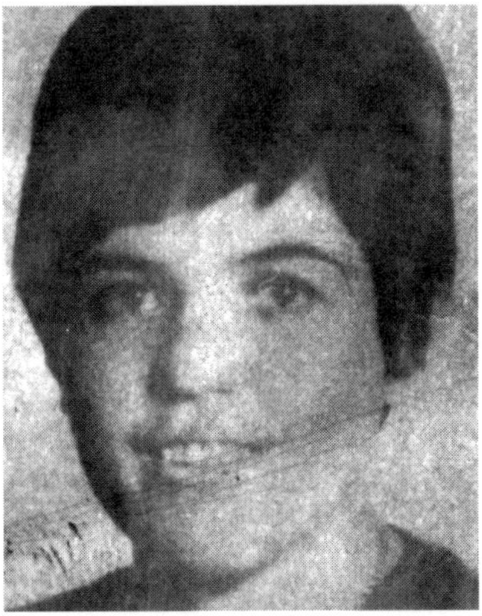

Die Opfer des grauenhaften Verbrechens: Die 31-jährige Ehefrau Rosa …

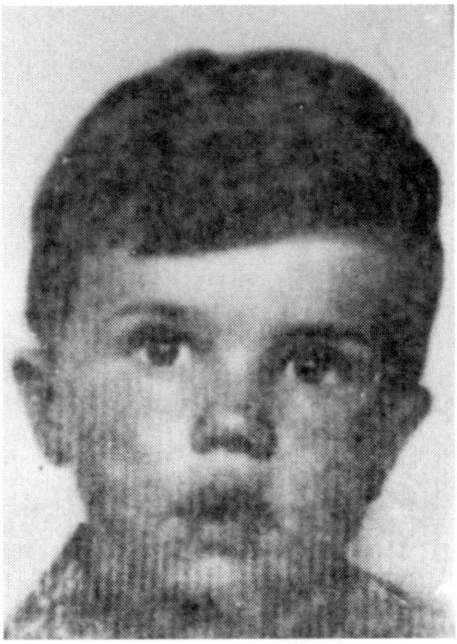

… und der erst fünf Jahre alte Roland

Todesangst, dann stürzt Rosa B. bewusstlos zu Boden. Aber der Bassgeiger lässt nicht ab von seinem Opfer, würgt die dunkelhaarige Frau, bis sie keine Lebenszeichen mehr von sich gibt. »Ich wollte sie auf Zimmerlautstärke bringen«, wie sich der Mörder später vor seinem Richter verantwortet …

Diese Minuten des Todes – plötzlich hört der Musiker eine leise Stimme aus der Küche. Es ist sein kleiner Sohn Roland, der mit angstgeweiteten Augen auf der Anrichte sitzt.

»Papa, was ist mit der Mama los …?«

»Der Mama«, sagt Reinhart B. mit heiserer Stimme, »ist schlecht.« Und erkennt in diesem Moment, dass es einen Tatzeugen für den grausamen Mord gibt – seinen eigenen Sohn, ein fünfjähriges Kind. Das Todesurteil für den Buben.

Sekunden später stürzt sich der Bassgeiger auch auf Roland, tötet ihn mit bloßen Händen. Weil er Angst hat, der Kleine könnte ihn als Mörder seiner Mutter verraten. Die Feigheit eines Ungeheuers.

Kurz darauf bahrt er beide Leichen auf, ehe er sie im Schrank versteckt – und zwei Tage später seelenruhig mit seinen Musikerkollegen auf der Konzertbühne steht, völlig gleichgültig die Ovationen des Publikums entgegennimmt.

Doch diese Teilnahmslosigkeit ist nur die perfekte Tarnung eines Doppelmörders, denn eigentlich denkt Reinhart B. in diesen zwei Tagen immer nur daran, wie er die beiden Toten in seinem Kasten beseitigen kann. Und schmiedet schließlich einen teuflischen Plan.

Es ist die Nacht nach dem Konzert, als der Musiker wartet, bis sich die Gangbeleuchtung im Treppenflur abschaltet. Dann packt er den leblosen Körper seines Kindes, trägt ihn durch das dunkle Stiegenhaus auf die Straße zu seinem Auto, verfrachtet die kleine Leiche in dem Fahrzeug und fährt los. Auf die Westautobahn bis Pfalzau in Niederösterreich, wo er zum ersten Rastplatz vor der Abfahrt abbiegt. Das Ziel des Bassgeigers – die Senkgrube einer Autobahn-Toilette. Dann hebt er seinen toten Sohn aus dem Wagen, lässt den Leichnam langsam in die Kloake gleiten. Der grausige Schlusspunkt in diesem entsetzlichen Todesdrama – der erwürgte Bub verschwindet in dem übel stinkenden Abwasser.

Dann wartet Reinhart B. die nächste Nacht ab, um sein schauriges Werk fortzusetzen. Wieder bleibt er in der Wohnung, bis im Haus die Lichter erlöschen und die Nachbarn schlafen gegangen sind. Und trägt schließlich auch seine tote Ehefrau zu dem Fahrzeug, fährt erneut los. Diesmal aber in den Norden, zum Bisamberg.

Beim Heurigenort Königsbrunn zweigt er zum so genannten »Liebesplatzerl« ab; einem Ort, der gerne von Liebespärchen frequentiert wird. Auf einem Rübenfeld legt er die tote Frau unter einen Akazienbaum – und möchte ein Sexualverbrechen vortäuschen, um von sich als Ehemann abzulenken. Deshalb zieht er der Toten noch den schwarzen Pullover aus und öffnet ihren Büstenhalter, ehe er sein Opfer mit Ästen tarnt und nach Hause flüchtet.

Schon wenig später vermissen die Schwiegereltern des Bassgeigers die Tochter und den Enkelsohn. Doch der 28-Jährige mimt zwar den besorgten Ehemann, dennoch kann er die Bedenken der Verwandten zerstreuen: »Es wird schon nichts passiert sein, ich möchte mit einer Vermisstenanzeige lieber noch ein wenig warten …«

Das beklemmende Schauspiel eines kaltblütigen Doppelmörders, der sich kurz darauf dennoch verrät.

Auf einem Rübenacker in der Nähe vom Bisamberg wurde unter einem Akazienbaum die Leiche der getöteten Frau gefunden.

Aus dieser Senkgrube einer Autobahn-Toilette barg die Feuerwehr die grauenhaft zugerichtete Leiche des kleinen Buben.

Einige Tage danach findet ein Kaufmann, der auf der Fahrt zu einer Gärtnerei ist, die tote Frau unter dem Akazienbaum und schlägt sofort Alarm. Doch die Identität der Unbekannten kann trotz intensiver Ermittlungen vorerst nicht geklärt werden.

Bis der Musiker neun Tage nach dem Doppelmord die Flucht nach vorne antritt. Er geht in ein Polizeikommissariat, will seine Ehefrau und den Sohn als abgängig melden – und muss deshalb den Beamten auch eine genaue Personsbeschreibung liefern.

Auch in der Zelle konnte Reinhart B. mit seiner Bassgeige spielen …

Die Merkmale der Frau, sie passen exakt auf die unbekannte Tote im Rübenfeld; die Mörderjäger schöpfen erstmals Verdacht, lassen den Mann dennoch wieder gehen. Kurz darauf erscheint Reinhart B. erneut bei den Polizisten, möchte mit dem Chef der Wiener Mordkommission persönlich reden. Als er vor dem erfahrenen Kriminalisten steht, streckt der Bassgeiger dem Beamten plötzlich beide Hände hin: »Sie wissen eh schon alles …«

Dann legt er ein Geständnis ab, führt die Ermittler auch zu seinem zweiten Opfer; dem kleinen Roland, seinen Sohn, dessen furchtbar zugerichtete Leiche von der Feuerwehr aus der stinkenden Kloake geborgen wird.

Im Jänner 1975 steht der Doppelmörder vor Gericht – und findet auch vor dem Richter keine Erklärung für seine grauenhafte Tat.

»Als meine Frau meine Hände von ihrem Hals reißen wollte, schaltete sich in mir etwas aus, bestand kein Zusammenhang mehr zwischen Geist und Körper. Ich sah genau, was ich machte, konnte es aber nicht verhindern, war in einem geistig schwerelosen Zustand. Ich spürte, wie es im Körper meiner Frau einen Knacks gab, genauso wie etwas später bei meinem Sohn ...«

Kühl, sachlich, sehr distanziert, schildert Reinhart B. den Geschwornen den Tathergang. Eine abscheuliche Beichte.

Für den Doppelmord an seiner Familie wird der Bassgeiger kurz darauf zu lebenslanger Haft verurteilt – und »schwärmt« später von der Strafanstalt: »Für mich ist das Gefängnis ein Sanatorium, das mir alle Sorgen abnimmt und wo ich endlos lange nachdenken kann.« Zugleich unterschreibt er alle Briefe aus der Zelle mit »Reinhart, Rosa und Roland« – weil er »nicht glauben kann, dass meine Frau und mein Kind durch meine Hände tot sind ...«

Der Mord an seiner Ehefrau und dem kleinen Sohn, diesen beiden Menschen, die so unsagbar grausam sterben mussten – bereits 1993 wird Reinhart B. wieder aus dem Gefängnis entlassen, nur 20 Jahre nach der furchtbaren Bluttat.

DER SERIEN-MÖRDER IM ROTLICHT

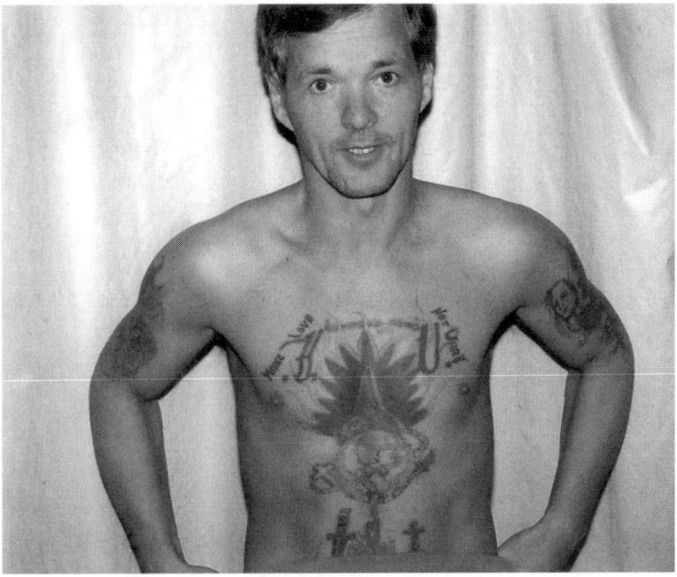

Im Mai 1976 verurteilt das Gericht den 25-jährigen Jack Unterweger wegen Mordes an einem 18-jährigen Mädchen zu lebenslanger Haft. 15 Jahre später kommt der Täter, mittlerweile ein umjubelter Schriftsteller, frei und ist Österreichs Paradebeispiel für eine scheinbar erfolgreiche Resozialisierung. Doch kurz nach seiner Entlassung wird Unterweger rückfällig – zieht eine Blutspur des Grauens, 11 Frauen sterben. Nach seinem zweiten Lebenslang begeht der Dichter in der Zelle Selbstmord.

Judenburg in der Steiermark, im Sommer 1950. Es ist ein Mittwoch im August, als ein kleiner Bub in der obersteirischen Stadt das Licht der Welt erblickt. Ein Lebensbeginn aber, unglücklich und offenbar verhängnisvoll: Der Vater, ein US-Soldat italienischer Herkunft, taucht unter. Die Mutter ist überfordert – der Bub, auf den Namen Johann getauft, wird schon im Alter von ein paar Monaten verschiedenen Pflegeplätzen zugeteilt, kommt dann zum Großvater nach Kärnten.

Es ist der Beginn eines Lebens am Rande des Abgrunds, voller Unheil und Extremen – denn es ist der Werdegang von Jack Unterweger, dem Serienmörder im Rotlicht. Ein Desaster, bizarr und

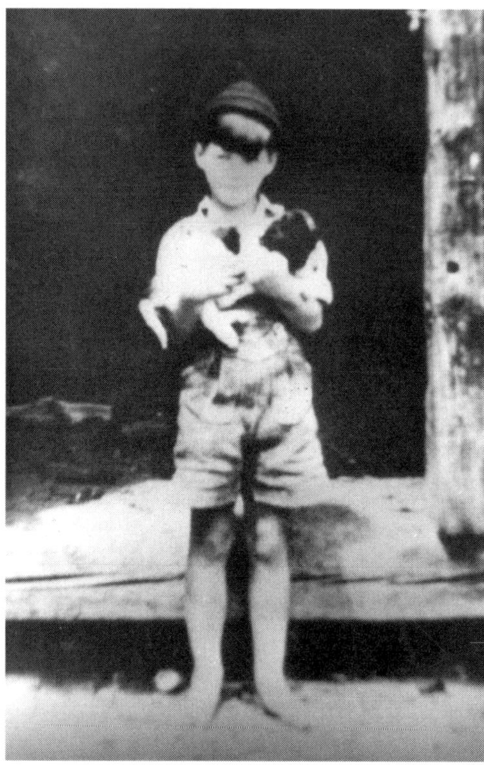

Der Bub Jack Unterweger zu Hause, beim strengen Großvater, im Kärntner Wimitztal …

…und bei seiner Verhaftung in Amerika: In Hand- und Fußfesseln wurde er von den Cops zum Verhör gebracht, zu den elf Frauenmorden einvernommen.

Die besten Kriminalisten Österreichs gründeten eine Sonderkommission, vier Beamte flogen zu Jack Unterweger nach Amerika: Werner Windisch, Ernst Geiger, Franz Brandstätter und Kurt Obergschwandtner.

geprägt von unglaublicher Brutalität, an dessen Ende zwölf tote Frauen und der Selbstmord des Verbrechers stehen.

Zum ersten Mal wird Unterweger mit 16 Jahren straffällig, steht wegen des Diebstahls von Bananen im Wert von 12 Schilling vor dem Richter, kommt in eine Erziehungsanstalt. Es folgen 15 weitere Vorstrafen – wegen Körperverletzung, gefährlicher Drohung, Nötigung zur Unzucht und Raufhandel, weil er in der Haft einen Mitgefangenen niedergeschlagen hat.

In seiner Seele aber wächst ein unbändiger Hass auf Frauen. Diese grenzenlose Abneigung, die ihn seit der Kindheit begleitet, tiefgründig und uneingeschränkt; in Dimensionen, nicht nachzuvollziehen, unermesslich.

Unterweger ist 23, als er zum ersten Mal eine Prostituierte überfällt, mit einer Stahlrute grauenhaft quält und missbraucht. Nur sieben Monate später, im Dezember 1974, attackiert er mit diesem Totschläger vor den Augen seiner jungen Freundin die 18-jährige Margret S., erdrosselt sie mit ihrem BH, beraubt die Tote. Sein angebliches Motiv: er benötigte Geld für den Tierarzt seines heiß geliebten Hundes …

Im Mai 1976 muss sich Jack Unterweger für diese Tat vor Gericht verantworten, erklärt weinerlich: »Ich war ein Schwein, ich bitte trotzdem um eine Strafe, dass ich doch noch ein anständiges Leben beginnen kann.« Das Urteil: lebenslange Haft.

Der Mörder kommt in die Strafanstalt Stein, hat erste Kontakte zum Hörfunk, verfasst mehr als 100 Beiträge für die Radio-Legende »Das Traummännlein kommt« – die berühmte Gute-Nacht-Sendung für die Kleinen; dann beginnt Jack Unterweger hinter den Gefängnismauern Texte zu verfassen. Worte, die sein Schicksal untermauern sollen.

»Ich war kein Bub mehr, ich war ein Biest, ein Teufel, ein vergreistes Kind, dem es gefiel, schlecht zu sein. Ich war längst tränenlos geworden. Opas Prügel wich ich aus oder ertrug sie hassend, innerlich verbrennend. Seine Fäuste waren mein Lehrer. Und ich war ein guter Schüler. Ich wollte nicht hungrig schlafen gehen …« – Fragmente aus seinem Buch »Fegefeuer«, in dem er seinen Großvater als Alkoholiker und sexbesessenen Tyrannen beschreibt.

† 11.12.1974: Das erste Opfer Margret S. (18)

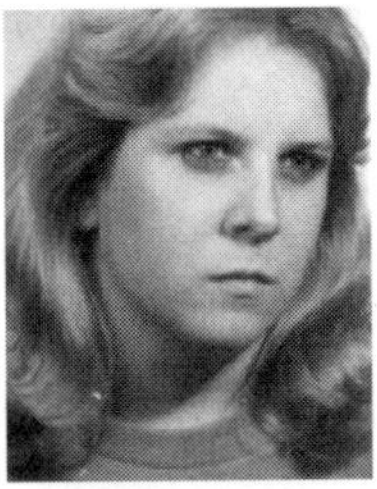

† 14.9.1990: Blanka B. (30)

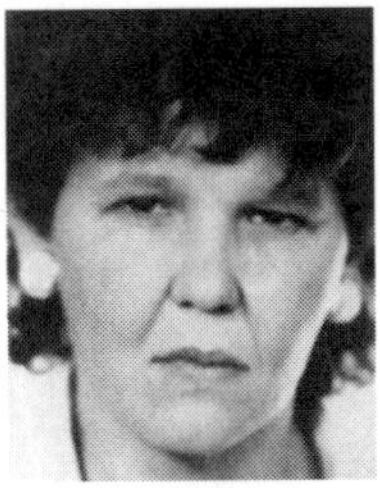

† 26.10.1990: Brunhilde M. (39)

† 5.12.1990: Heide H. (31)

† 7.3.1991: Elfriede S. (35)

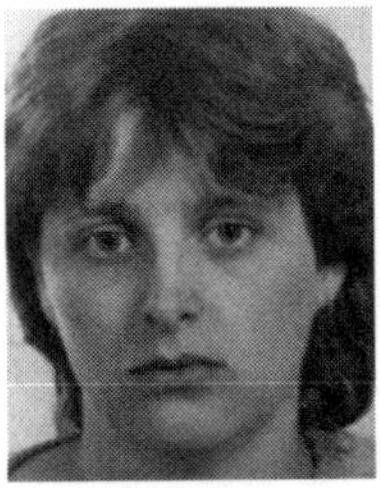

† 8.4.1991: Silvia Z. (24)

† 16.4.1991: Sabine M. (25)

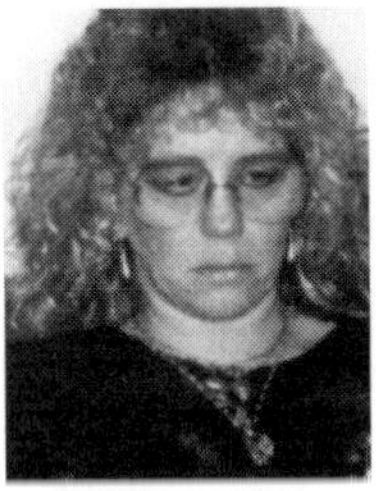

† 28.4.1991: Regina P. (33)

† 8.5.1991: Karin E. (25)

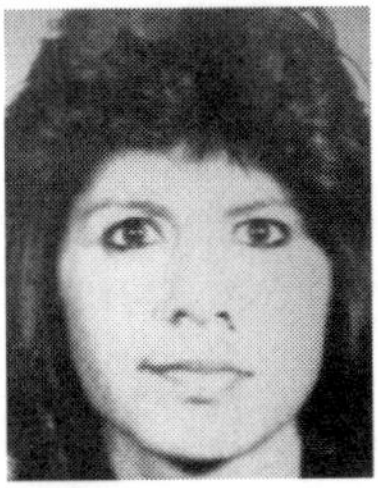

† 20.6.1991: Shannon E. (25)

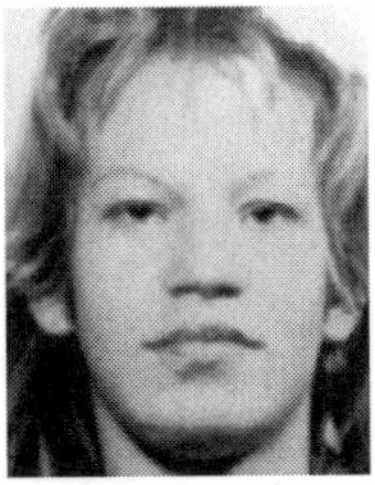

† 28.6.1991: Irene R. (33)

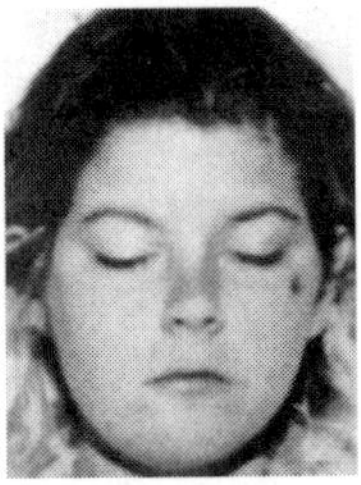

† 3.7.1991: Sherri Ann L. (27)

Und doch Worte, die er später wieder abschwächt, die dramatisierten Ausführungen über seine Jugend als literarische Freiheit reklamiert …

Gedichte, Theaterstücke, Romane; Jack Unterweger dichtet weiter – und schreibt sich in die Freiheit. Denn zahlreiche Prominente machen sich für den »Häfenpoeten« stark. Im April 1990 beschließt ein dreiköpfiger Richtersenat die Entlassung.

Eine Entscheidung, höchst umstritten. Weil der Justiz-Günstling den Freibrief für diese Weisung nach lediglich zwei kurzen Gesprächen mit einer jungen Anstaltspsychologin bekommt; die 35-Jährige weist erst drei Monate Praxis auf, ist für insgesamt 600 Häftlinge zuständig und gibt dem Lebenslänglichen sogar den Persönlichkeitstest mit in die Zelle. So kann Unterweger den Fragebogen in aller Ruhe ausfüllen, seinen Weg in die Freiheit ebnen. Denn die Psychologin kommt nach der Auswertung dieses Tests zu der Ansicht, dass er seine Gefühle nun unter Kontrolle hat.

Ein Irrtum mit fatalen Folgen: Ein Fehlurteil aber auch, vor dem bereits der Psychiater des ersten Mordprozesses gewarnt hatte: »Unterweger ist, aufgrund frühkindlicher Verwahrlosung und mangelnder Mutterliebe, getrieben vom Hass gegen Frauen, kalt und berechnend. Eine Änderung seiner Persönlichkeit ist nicht zu erwarten, er hat auch niemals Reue, Mitgefühl oder sonstige zwischenmenschliche Gefühlsregungen gezeigt.« Trotzdem wird der Mörder entlassen – im Mai 1990 öffnen sich die schweren Gefängnistore.

Jack ist frei. Der Frauenhasser, den die Frauen lieben, bis zur Hörigkeit.

So erhält Unterweger Unterstützung von unzähligen Damen aus allen Gesellschaftsschichten. Hausfrauen, Geschäftsfrauen, Huren, alle lieben ihn. Ein Phänomen, das ein deutscher Gefängnispsychologe so erklärt: »Verbrechen, besonders Mord, hat etwas Faszinierendes, Erotisches für Frauen …«

Und Jack Unterweger genießt diese Zuwendungen, aber auch sein neues Leben inmitten der Wiener Schickeria. Der »Häfenpoet«, das illusorische Exempel der österreichischen Justiz für eine gelungene Resozialisierung.

Zugleich startet er eine neue »Karriere« als Schreiber für Magazine, bietet immer wieder Geschichten aus dem Rotlicht-Milieu an. Und fährt, knapp vier Monate nach seiner vorzeitigen Entlassung, für eine Prostituierten-Reportage nach Prag: Am Freitag, dem 14. September 1990 – einen Tag später wird die 30-jährige Prostituierte Blanka B. gefunden; tot, erdrosselt.

Dann geht es Schlag auf Schlag: Auch in Vorarlberg, der Steiermark und in Wien sterben insgesamt sieben Freudenmädchen.

26. Oktober 1990: die 39-jährige Brunhilde M. wird zum letzten Mal auf ihrem Standplatz in Graz gesehen. 69 Tage danach entdecken zwei 13-jährige Schüler ihre nackte Leiche in einem Bachbett – die Frau war erdrosselt worden.

5. Dezember 1990: die 31-jährige Heide H. aus Bregenz ist gegen 23 Uhr auf dem Weg zu einer Tiefgarage. An ihrer Seite, so später die Aussage eines Zeugen – der »Häfen-Literat«. Dann gilt das Freudenmädchen als vermisst, wird am Silvestertag tot aufgefunden: erdrosselt und mit einem Damenslip geknebelt.

7. März 1991: die 35-jährige Prostituierte Elfriede S. geht mit einem Kunden in den Grazer Volksgarten, dann verliert sich jede Spur; ihre Leiche ist bereits skelettiert, als ein Schwammerlsucher 210 Tage später in einem Wald bei Weitendorf plötzlich vor der Toten steht.

8. April 1991: die 24-jährige Straßenprostituierte Silvia Z. verschwindet von ihrem Standplatz auf der Hütteldorfer Straße in Wien-Fünfhaus. Ihre Leiche versteckt der Mörder in einem Wald bei Wolfsgraben in Niederösterreich.

16. April 1991: die 25-jährige Sabine M. wird mit einer Strumpfhose erdrosselt, die nackte Leiche unter Laub und Erde in einem Waldstück beim Schottenhof an der Wiener Höhenstraße verscharrt.

28. April 1991: ein Kunde trifft sich mit der 33-jährigen Regina P. im Hotel »Rudolfshöhe« in Wien, danach ist die Frau abgängig. Erst ein Jahr stößt ein Mann beim Spazierengehen am Hermannskogel auf die verweste Leiche der Vermissten.

8. Mai 1991: die 25-jährige Karin E. wird mit ihrem Body erdrosselt, 15 Tage später findet eine Frau die nackte Tote in einem Wald bei Gablitz.

Eine blutige Spur, die sich in Amerika fortsetzt – exakt zu einem Zeitpunkt, als Unterweger auf »Spurensuche« nach seinem Vater in Los Angeles ist:

20. Juni 1991: die 25-jährige Shannon E. in Los Angeles stirbt, von ihrem Mörder mit dem BH erdrosselt; am nächsten Morgen entdecken spielende Kinder bei einem Parkplatz die Leiche. Und Unterweger ist wieder in der Nähe, wohnt an der Town Avenue, in einem Hotel in unmittelbarer Nachbarschaft …

28. Juni 1991: Gegen 20 Uhr wird die 33-jährige Irene R. von ihrem Quartiergeber noch beobachtet, danach bleibt das Freudenmädchen unauffindbar; bis Zeugen bei der Polizei Alarm schlagen – der Mörder hatte die Leiche der erdrosselten Frau auf einem Industriegelände abgelegt.

3. Juli 1991, und die letzte Station: nach einem Hinweis kann die Polizei die Leiche der 27-jährigen Sherry Ann L., die mit ihrer Unterwäsche erwürgt worden war, aus einem Gestrüpp in der Nähe von Malibu bergen. Erst Wochen später stellt sich heraus: auch diesmal war der »Häfenpoet« ganz nahe, weil er in der Zwischenzeit das Hotel gewechselt hatte …

Aber Unterweger, der gefeierte Star mit diesem tiefen Hass im Herzen, er dreht den Spieß um.

Macht die Mörderjäger zu Gejagten, interviewt sogar den damaligen Leiter des Wiener Sicherheitsbüros zu diesen ungeklärten Fällen. Ein Gespräch, gespickt mit Vorwürfen wegen angeblicher Ermittlungsfehler, das im Fernsehen ausgestrahlt wird.

Bis die ersten Verdachtsmomente auftauchen, die besten Kriminalisten des Landes eine Sonderkommission gründen. Jede einzelne Autofahrt, alle Aufenthalte des Dichters werden minutiös rekonstruiert – und die Fahnder finden Spuren.

Beweise, verhängnisvoll und folgenschwer.

Es ist die blutige Fährte des »Häfenpoeten« – am 15. Februar 1992 stellt das Landesgericht Graz einen Haftbefehl wegen Mordverdachts aus. Doch Unterweger, auf der Fahrt zu seiner Freundin in die Schweiz, flüchtet nach Amerika – kann jedoch zwei Wochen später verhaftet werden, leugnet aber jeden Zusammenhang.

Im Juni 1994, nach fast 200 Verhandlungsstunden und einem

reinen Indizienprozess, der erneute Schuldspruch: Lebenslang für 9 Morde.

Doch dieses Urteil wird nie rechtskräftig. Denn der 43-Jährige spricht selbst das letzte Urteil – und vollstreckt es auch: Knapp sechs Stunden nach der Urteilsverkündung erhängt er sich in seiner Zelle am Gürtel seiner Jogginghose. »Das durchzuführen, ist meine letzte Freiheit ...« – so das Vorwort in Jack Unterwegers letztem Buch »99 Stunden«. Jenes Mannes, den die Frauen liebten, bis zur Hörigkeit, und der die Frauen abgrundtief hasste, bis in den Tod.

DAS TOTE FOTOMODEL

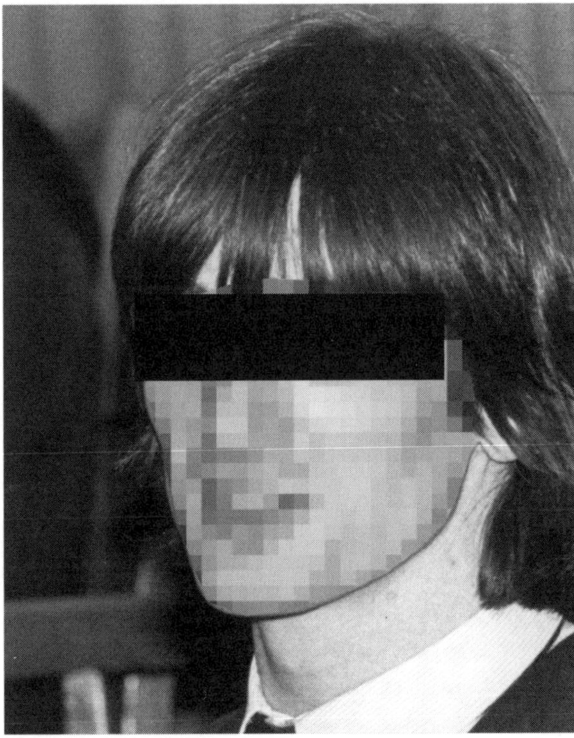

Der anerkannte Maler und Künstler David R. (30) aus Salzburg ersticht in seiner Wohnung in Wien im Dezember 1981 seine 22-jährige Freundin Tina N., die als Top-Model internationale Karriere macht. Auf der Flucht nach Salzburg kann der Mörder verhaftet werden. Die Tat habe er im »LSD-Rausch« verübt, erklärt der Liebling der Wiener Society später den Geschwornen vor Gericht …

Ein attraktiver Mann hetzt hastig durch die Straßen in Wien-Wieden, düstere Winterwolken verdunkeln den Himmel über der Stadt. Der Dressman hat es eilig an diesem Mittwoch Anfang Dezember 1981 – um 18 Uhr soll er in der Wohnung seines Bruders David R. sein. Als Vermittler bei einer letzten Aussprache zwischen dem 30-jährigen, einem bekannten Kunstmaler, und dessen großer Liebe, dem Fotomodel Tina N. (22).

Denn es ist eine fatale Beziehung, die den exzentrischen Künstler und das Mannequin verbindet. Vor knapp zwei Jahren hatten sich die beiden kennengelernt. Und David. R., ein gebürtiger Italiener, war sofort fasziniert von der Anmut der jungen, bildschönen Frau. Er begann sie zu zeichnen. Häufig abstrakt, verfremdet; aber immer ästhetisch. Bleistiftzeichnungen, über die er mit Argusaugen wachte – weil David R. verhindern wollte, dass sein Lieblingsmodell, dieses »kostbare Geschöpf«, auch andere inspirieren könnte. Ein Maler, der in seinen Bildern sonst immer nur gequälte Menschen darstellte: »Ich will sie als vergewaltigte, gefesselte Wesen zeigen, als bedrängte Natur ...«

Zugleich aber lebte David R. ein Leben voller Eskapaden und Gefahren. Drogen, Alkohol und immer wieder schizophrene Schübe. So war er 1975 erstmals in die Psychiatrie eingewiesen worden – weil er sich aus »Liebeskummer« mit einer Rasierklinge in den Arm geschnitten hatte. »Hass« – nur dieses eine Wort ...

Nach sechs Monaten dann die erste Trennung von dem Fotomodel. Weil David R. in einem Anfall von Eifersucht das Mannequin verprügelt hatte, verließ ihn die wunderschöne, junge Frau. Doch der Maler gab nicht auf. Er schickte Blumen; Rosen, Rosen, Rosen – Tinas Mutter sagte später bei der Polizei aus: »Wir mussten die Blumen schon in die Badewanne legen, so viele waren es.«

Bis sich das Paar nach einigen Wochen wieder versöhnte. Diese Beziehung, sie blieb dennoch voller Unheil, ein Desaster. Der Maler und das Mädchen – eine verhängnisvolle Affäre, geprägt von Gewalt und Misstrauen. Eine Liebe, voller Exzesse, bis in den Tod hinein...

Und nun, an diesem Mittwochabend, die letzte Aussprache – Tina möchte den Maler endgültig verlassen, offenbar wegen eines

Sein Opfer, das international gefragte Fotomodel Tina N. (22), hier auf einer Set-Karte.

… und wie eine geheimnisvolle Schöne aus »Tausendundeiner Nacht«

anderen Mannes; in ihrem Kalender hat sie nur »David, 18 Uhr« vermerkt. Deshalb hat der Künstler auch seinen Bruder zu dem Gespräch gebeten. Als Mittelsmann. Weil er nicht verlieren kann und das Mädchen unbedingt halten möchte. Um jeden Preis.

Der attraktive Mann, ein Italiener, hat endlich das Atelier im zweiten Stock des Wohnhauses erreicht; er ist um ein paar Minuten zu spät und deshalb ein wenig außer Atem, als er an die Tür klopft. Doch keine Reaktion; niemand öffnet, nichts.

Nur Stille; eine Ruhe aber, in ihrer Geräuschlosigkeit eigenartig unheimlich, fast gespenstisch.

Der Dressman, seltsam unruhig und nervös, er schöpft Verdacht, öffnet Sekunden später die Tür – und findet das sterbende

Mit diesem Fahrzeug wollte der Mörder zu seiner Familie nach Salzburg flüchten, als er von der Polizei gefasst wurde. Meist malte David R. gequälte Menschen – und wurde damit zum Liebkind der Wiener Society.

Mannequin in einer riesigen Blutlacke. Diese wunderschöne junge Frau, erfolgreich auch in der internationalen Modewelt – unzählige Messerstiche und Schläge mit einem Hammer; der einst makellose Körper verstümmelt, blutig. Sofort alarmiert der zutiefst geschockte Mann die Rettung, doch für Tina N. kommt jede Hilfe zu spät – die 22-Jährige stirbt im Krankenwagen auf dem Weg ins Spital. Das Ende einer Liebe und eines Lebens.

Kurz darauf lösen die Beamten der Mordkommission eine österreichweite Fahndung nach dem Freund der schönen, jungen Frau aus. Denn einige Nachbarn haben den Maler gesehen: als er, völlig verwirrt und blutverschmiert, aus dem Haus gelaufen war. Doch von dem Tatverdächtigen fehlt vorerst jede Spur.

Zehn Stunden darauf, auf einer Wiese neben der Westautobahn in Richtung Salzburg: Kurz vor Ybbs finden zwei Kriminalbeamte in der Früh das Auto des Gesuchten – rund 180 Kilometer vom Tatort in Wien entfernt. Der Maler sitzt im Fahrzeug, ist kaum ansprechbar; deshalb wird David R. zunächst ins Spital eingeliefert. Bei den Ermittlungen stellt sich heraus: Offenbar hatte der Künstler zu seiner Familie nach Salzburg flüchten wollen, als er völlig übermüdet von der Fahrbahn abgekommen war.

Einen Tag später kommt David R. in Untersuchungshaft. Die Mörderfahnder wollen den Tatverdächtigen einvernehmen: »Er sagte zwar, dass er unter dem Einfluss von LSD stünde, als er jedoch mit uns sprach, wirkte er ganz locker und porträtierte sogar die Beamten.« Über das blutige Massaker selbst schweigt der Maler. 24 Stunden lang. Dann gibt der Künstler den Mord schließlich zu. Allein über die Tat selbst will er nicht reden; nur schreiben.

Es sind ein paar Zettel, liniertes Papier, ein Kugelschreiber. Zeilen voller Grauen, ein mörderisches Bekenntnis.

So habe er vor dieser letzten Aussprache einige LSD-Trips eingenommen – angeblich, um sich Mut für das Gespräch zu machen. Eine fatale Mischung, denn kurz darauf steht der Künstler »unter Strom. Zuerst haben wir Sekt getrunken, uns geküsst, aber plötzlich wurden die Fensterscheiben wie Blitze, sie fingen an zu leben. Ein schwarzes Tier, bunte Farben, wie Säure; dann ein Lichtkreis, in dem ich mich aufgelöst habe. An den Mord selbst aber kann ich mich nicht erinnern …«

Die fantasievolle Verantwortung eines Mörders, dem auch sein Richter keinen Glauben schenkt: »Denn dieses schwarze Tier war Tina und die Farbfontänen ihr Blut. Es war eine Abschlachtung …«

Sechs Tage lang schwanken die acht Laienrichter im Juli 1988 zwischen »Mord im LSD-Rausch« und »klassischem Eifersuchtsmord«. Denn David R. ist ein Mann voller Rätsel. So lässt er sich an einem Verhandlungstag auch die Fotos von der Obduktion seines Opfers zeigen; betrachtet völlig ruhig und gelassen die Aufnahmen von dem zertrümmerten Schädel des Mädchens – zwei Messerstiche in Brust und Rücken, 25 wuchtige Hammerschläge auf den Kopf des bereits bewusstlosen Opfers.

Zuerst wird der Künstler zu lebenslanger Haft verurteilt, geht in Berufung – 1988 wird der Prozess wiederholt. Das endgültige Urteil der Geschwornen lautet 18 Jahre Haft.

Im August 1991 jedoch kehrt der Mörder von einer viertägigen

»therapeutischen Unterbrechung des Strafvollzugs« nicht mehr in die Haftanstalt am Wiener Mittersteig zurück. Gemeinsam mit seiner neuen Freundin, einer Sozialarbeiterin, die er in der Zelle kennengelernt hat, taucht er in Italien unter. Sonnt sich am Strand von Rimini – und kann nicht ausgeliefert werden. Denn der Künstler ist italienischer Staatsbürger – ein Umstand, der es den Behörden unmöglich macht, David R. aus seinem Heimatland nach Österreich zu überstellen. Er bleibt selbst dann auf freiem Fuß, als er Wochen später von der Polizei in der Wohnung seiner Tante in Udine ausgeforscht werden kann. Und der Maler genießt dieses Leben, arbeitet als Theaterkritiker für Mailänder Zeitungen, träumt dennoch von seiner »künstlerischen Heimat« Wien.

Im Frühjahr 1992 erwartet seine Freundin ein Kind von ihm – und ab diesem Zeitpunkt beginnt das Spiel mit dem Risiko; denn David R. kehrt nach Wien zurück, in die Wohnung seiner Freundin, nur wenige Meter vom Gefängnis am Mittersteig entfernt. Oft spaziert er provokant an der Haftanstalt vorbei, doch niemand erkennt ihn. Dann wieder sitzt er in einem Fastfood-Restaurant, neben ihm drei Beamte der Sondereinsatzgruppe »Cobra« – aber David R. bleibt weiter in Freiheit.

Erst 15 Monate nach seiner Flucht kann er erneut verhaftet werden; als er in einem Supermarkt neben seiner Wohnung zwei Tuben Zahnpasta stiehlt und vom Ladendetektiv gestellt wird. Doch der gesuchte Häftling weigert sich, seinen Ausweis vorzuweisen; deshalb kommt die Polizei – David R., der Mörder, der mehr als ein Jahr auf der Flucht war, wird als Ladendieb gefasst …

Mittlerweile hat der Maler die Strafe für diesen »Mord im LSD-Rausch« verbüßt und ist wieder auf freiem Fuß. Einen Mord, für den er sich nie schuldig bekannt hat. Ein Verbrechen aber, das er zwei Tage vor der Bluttat in seinem Gedicht »Liebesunglück« sogar angekündigt hatte: »Wenn wir aus diesem Zustand der Liebe austreten, müssen wir sterben …«

Zwei Zeilen, bedrohlich und gefahrvoll. Wie ein Todesurteil und ein Beweis, dass Tina N., diese wunderschöne Frau, sterben musste, weil sie den Maler verlassen wollte. Getötet, nicht im benebelten LSD-Rausch, sondern aus erbarmungsloser Rache.

DER ZWEITE MORD DES »LEBENSLANGEN«

Im Oktober 1974 missbraucht der Oberösterreicher Wilhelm Ö. seine Nachbarin, eine 86-jährige Frau, und tötet sie. Für diesen Mord wird er zu lebenslanger Haft verurteilt. Doch 21 Jahre später kommt Wilhelm Ö. frei – und mordet wieder, nur fünf Jahre nach der Haftentlassung: Im März 2000 erwürgt er eine 87-jährige Pensionistin in St. Pölten. Um seine Spur zu verwischen, versteckt sich der Doppelmörder kurz darauf im Gefängnis und möchte eine vierwöchige Haftstrafe antreten. Doch die Beamten kommen ihm auf die Schliche – wenig später steht der Mann erneut vor dem Richter.

Ein stiller Herbsttag im Oktober 1974; erste Nebelschwaden senken sich über die oberösterreichische Gemeinde Katsdorf im Mühlviertel, als ein Spaziergänger den Weg zu einem kleinen Häuschen im Ortsteil Reiser einschlägt und seine 86-jährige Tante Theresia F. besuchen möchte. Langsam geht der Mann weiter, steht kurz darauf vor der Eingangstür, doch die ist verschlossen. Der Verwandte, der seine Tante sehr gut kennt, wundert sich – meistens ist der Eingang unversperrt. Darum ist er nun ein wenig unruhig, macht sich Sorgen um die 86-Jährige und ruft nach der betagten Frau. Aber niemand meldet sich, alles ist ruhig; nur diese Totenstille, die über dem kleinen Häuschen liegt.

Dann blickt der Mann durch ein Fenster und kann im dämmrigen Schatten der unbeleuchteten Räume mehrere durchwühlte Kästen und Kommoden erkennen. Deshalb alarmiert er sofort die Gendarmerie – mit einem Nachschlüssel öffnen die Beamten das Haus der alleinstehenden Witwe, die als überaus sparsam galt, durchsuchen alle Räume. Und finden im verwüsteten Schlafzimmer in einer Blutlacke auf dem Bett die nackte Leiche der Frau. Ein entsetzlicher Anblick. Offenbar ist das Opfer von seinem Peiniger auch gefoltert worden. Die Gendarmen geben Mordalarm, vom Täter fehlt vorerst aber jede Spur.

Doch die Spurensicherung hat am Tatort neben dem Bett ein Uniformhemd gefunden; ein wichtiges Beweisstück, denn an dem Hemd klebt das Blut des Opfers. Dieses Indiz, das der Mörder neben der Toten zurückgelassen hat – »weil ich leider sehr vergesslich bin …«, wie der Täter später völlig gleichgültig und ohne Reue vor seinem Richter erklärt.

Das Uniformhemd, zugleich aber auch der einzige Anhaltspunkt der Fahnder – denn kurz darauf melden sich mehrere Zeugen mit Hinweisen auf den angeblichen Besitzer dieses Kleidungsstücks; den 26-jährigen Wilhelm Ö., der in der Nachbarschaft wohnt.

Nur einen Tag später wird der Mann verhaftet. Ein Arbeiter, aus tristen Verhältnissen. Unbeteiligt und schonungslos gesteht er das Verbrechen an seinem wehrlosen Opfer.

Die Kriminalisten rekonstruieren: Dem Mann, der ständig unter Geldnöten litt, waren Gerüchte zu Ohren gekommen – über den

In diesem Schuppen eines kleinen Hauses im oberösterreichischen Katsdorf überwältigte Wilhelm Ö. sein betagtes Opfer.

Das erste Opfer des Mörders: Die 86-jährige Pensionistin Theresia F. aus dem Mühlviertel.

Der Mörder wenige Tage später beim Lokalaugenschein. Noch einmal musste er demonstrieren, wie er Theresia F. misshandelt und getötet hatte.

angeblichen Reichtum seiner Nachbarin. Deshalb hatte er sich zu dem einsamen Haus geschlichen, um die betagte Frau zu berauben. Doch Theresia F., die in einem nahen Schuppen gerade Holz hackte, erkannte den Anwohner sofort. Das war ihr Tod.

Mit einem Prügel schlug der 26-Jährige auf die Witwe ein, voller Wut, bis sie zusammenbrach. Danach zerrte der Triebverbrecher sein Opfer die 100 Meter zu dem Haus, schleppte die Pensionistin ins Schlafzimmer und missbrauchte sie. Diese wehrlose Frau, die mit ihren 86 Jahren den brutalen Attacken ihres Peinigers vollkommen hilflos ausgeliefert war und auch seinen tödlichen Würgegriffen nicht entkommen konnte – erst als sie keine Lebenszeichen mehr von sich gab, ließ der Arbeiter von ihr ab. Die verrohte Seele eines Triebverbrechers, ohne einen Funken Mitleid.

Minuten später wollte der Mörder das Haus nach Geld durchsuchen; doch die leblosen Augen seines Opfer, dieser Blick des Todes, störten ihn – deshalb drehte er erst die Leiche zur Seite, ehe er seelenruhig alle Schränke durchwühlte und rund 6000 Schilling fand.

Am nächsten Tag nahm sich der Arbeiter dann Urlaub, fuhr nach Linz – und machte sich einen »schönen Tag«, brachte die gesamte Beute durch; 24 Stunden später war Wilhelm Ö. in Haft – nachdem die Beamten sichergestellt hatten, dass dieses blutige Uniformhemd aus seinem Besitz stammt.

Im August 1975 steht Wilhelm Ö. vor einem Linzer Geschworenen-Gericht, soll sich für seine widerliche Tat verantworten. Dieser Mörder, ein eigentümlicher Sonderling, der vor seinem Richter ständig Grimassen schneidet.

Dann hat der Psychiater das Wort, attestiert dem Angeklagten unter anderem, dass er auf der Geistesstufe eines Achtjährigen steht: »Er ist aggressiv und liebesunfähig, Rückfälle sind mit Sicherheit zu erwarten. Ein unverbesserlicher Gewohnheitsverbrecher, der zeitlebens eine Gefahr für die Umwelt bedeuten wird …«

Klare, eindringliche Worte des Sachverständigen und eine zutiefst beunruhigende Beurteilung; diese drastische Stellungnahme, gleichsam eine Warnung, die auch die Geschwornen ernst nehmen – das Urteil: Wilhelm Ö. wird wegen Raubmordes zu lebenslanger Haft verurteilt.

Und kommt trotzdem wieder frei, 21 Jahre später. Wilhelm Ö., der Mörder mit der amtlichen Bescheinigung, eine Bedrohung für die Gesellschaft zu sein – 1995 öffnen sich die Gefängnistore, er findet eine kleine Unterkunft bei einem Bauern im niederösterreichischen Herzogenburg und taucht unter.

Fünf Jahre nach der Haftentlassung schlug Wilhelm Ö. erneut zu – und erwürgte in St. Pölten die 87-jährige Pensionistin Anna P.

Aber der Verbrecher, diese Grimasse des Todes, schlägt erneut zu, am 7. März 2000. Es ist am Nachmittag des Faschingsdienstags und die 87-jährige Anna P. ist auf dem Heimweg in ihre kleine Wohnung im niederösterreichischen St. Pölten. Das letzte Mal, dass Nachbarn die Frau sehen. Einen Tag später, am Aschermittwoch, wird in der Wohnung die Leiche der Pensionistin entdeckt. Auch die 87-Jährige ist vor ihrem entsetzlichen Tod von dem Mörder vergewaltigt und schwer misshandelt worden, ehe der Unbekannte die betagte Frau erwürgte. Dieser vermeintlich Fremde, noch ohne Gesicht, für die Beamten trotzdem nicht namenlos …

Dann die erste heiße Spur – Augenzeugen, die in der Nachbarschaft wohnen, melden sich. Sie haben den mutmaßlichen Täter an der Seite seines Opfers beobachtet, als er mit der Frau spazieren ging. Die Mörderjäger können den Verdächtigen ausforschen: Es ist der mittlerweile 51-jährige ehemalige »Lebenslange« Wilhelm Ö., der nun ein zweites Mal gemordet hat. Die Fahnder durchsuchen auch die Unterkunft des entlassenen Strafgefangenen in dem Bauernhof in Herzogenburg – und finden erneut ein blutverschmiertes Hemd. Die Analysen der Gerichtsmediziner ergeben: das Blut auf diesem Kleidungsstück stammt eindeutig von Anna P., dem Mordopfer aus St. Pölten.

Doch der Doppelmörder ist spurlos verschwunden, deshalb lösen die Kriminalisten eine Fahndung nach dem Täter aus. Während in ganz Österreich nach dem Verbrecher gesucht wird, durchforsten die Beamten unzählige Strafakte, forschen nach weiteren Hinweisen auf ein mögliches Versteck des Oberösterreichers. Doch nichts, keine Spur.

Bis ein Kriminalist instinktiv darangeht, auch die Gefangenenlisten der Haftanstalten zu kontrollieren – und dabei plötzlich auf einen Namen stößt. Einen Häftling, der kürzlich freiwillig eine Freiheitsstrafe angetreten hat. Es ist Wilhelm Ö., der gesuchte Doppelmörder – er sitzt bereits im Gefängnis, in einer Zelle des Landesgerichts Wien.

Dieser Gewalttäter auf der Geistesstufe eines Achtjährigen – und dennoch ein gefährlich Krimineller voller Raffinessen: So hatte er diese Haftstrafe wegen mehreren Einbrüchen noch offen, meldete sich gleich nach dem Mord an der 87-Jährigen unaufgefordert bei der Gefängnisleitung, um diese vier Wochen abzusitzen. Ein Verbrecher, der in der Zelle untertaucht – um sicherzugehen, dass ihn die Fahnder nicht erneut ins Visier nehmen würden; das Gefängnis als Alibi für seine angebliche Schuldlosigkeit.

Sofort fahren die Fahnder zu dem Häftling, vernehmen ihn – Wilhelm Ö. legt erneut ein Mordgeständnis ab, schildert den Beamten auch die Einzelheiten dieser Bluttat völlig ungerührt.

25 Jahre nach seiner ersten Verurteilung steht der Doppelmörder kurz vor Weihnachten 2000 wieder vor den Geschwornen; er wird zum zweiten Mal zu lebenslanger Haft sowie Einweisung in eine Anstalt für geistig abnorme Rechtsbrecher verurteilt.

Der zweite Mord des »Lebenslangen«; deshalb so unverständlich und tragisch, weil von den Psychiatern und Gutachtern schon seit Jahren vorhergesagt, von der Justiz aber letztendlich nicht ernst genommen. Diese eindringliche Warnung, dass Wilhelm Ö. »zeitlebens eine Gefahr für die Menschen bedeutet …« – und trotzdem wieder freikam. Zumindest der Mord an der 87-Jährigen, eine vermeidbare Bluttat und ein elender Tod.

TODESSTICHE IM GEFÄNGNIS

Der Karfreitag 1974, im niederösterreichischen Altenmarkt an der Triesting: Aus rasender Eifersucht erschlägt ein 22-jähriger Zimmerer seine 18-jährige Ex-Freundin und deren 53-jährige Mutter in der Scheune ihres Anwesens mit einem Holzprügel. Das Urteil: lebenslange Haft. 21 Jahre später fällt der Doppelmörder in seiner Zelle in der Sondervollzugsanstalt Göllersdorf mit einem Stanley-Messer über die 39-jährige Psychotherapeutin Veronika K. her – die Mutter eines 13-jährigen Sohnes wird durch 32 Stiche getötet.

Das altehrwürdige Gebäude des Landesgerichts am Rande von Wiener Neustadt. Es ist ein Mittwoch im Juni 1975 und in einem der Säle sitzt ein stämmiger Mann vor den Geschwornen: Immer wieder schlägt der Zimmermann die Hände vor das hektisch gerötete Gesicht, schluchzt verzweifelt auf.

Aber diese Tränen sind doch nur ein Zeichen seines Selbstmitleids, wehleidig und weinerlich; und die Hände, hinter denen er sein Gesicht versteckt, es sind die Hände eines Doppelmörders. Eines Mannes, der aus krankhafter Eifersucht und unbarmherziger Rache seine ehemalige Freundin und deren 53-jährige Mutter mit einem Holzprügel erschlagen hat.

Kurz vor Ostern 1974: Die 18-jährige Leopoldine R., die eine Krankenschwestern-Schule in Innsbruck besucht, ist schwer geschockt. Immer wieder war sie in den letzten Wochen von ihrem Ex-Freund belästigt worden, misstrauisch beobachtete er jeden Schritt der ehemaligen Geliebten. Und nun der Höhepunkt: Mit einem Messer hatte der 22-jährige Zimmermann Franz S. der 18-Jährigen in dem Schwesternheim aufgelauert und sie bedroht. Aus blinder Eifersucht.

Zwar wurde der Mann kurz darauf festgenommen, aber schon ein paar Stunden später wieder aus der U-Haft entlassen – die unverständliche Entscheidung der Sicherheitsbehörden.

Der Schock sitzt tief, deshalb fährt Leopoldine zu ihren Eltern nach Altenmarkt an der Triesting in Niederösterreich, möchte die Feiertage lieber im Kreis ihrer Familie verbringen. In der Heimat fühlt sich das Mädchen sicherer – bei ihrem Vater, einem Briefträger, der mit seiner 53-jährigen Frau Franziska nebenbei auch eine kleine Landwirtschaft betreibt.

Ein Trugschluss mit katastrophalen Folgen. Denn Franz S. ist ein Mann, der nicht verlieren kann, in seinem Hass unbändig; er hat sich auf die Spuren der Geliebten geheftet, an diesem Karfreitag im April 1974 …

Es ist kurz nach 9 Uhr Vormittag und Leopoldines Vater erledigt gerade die tägliche Posttour, als plötzlich mehrere Gendarmeriestreifen zu dem kleinen Bauernhof rasen: »Wir wurden alarmiert, weil Zeugen gellende Hilferufe bei ihrem Haus gehört haben!«

Die 53-jährige Franziska R. wurde das erste Opfer des Verbrechers …

… kurz darauf erschlug er auch ihre Tochter, die 18-jährige Leopoldine R. – das Motiv: rasende Eifersucht, weil das Mädchen ihn verlassen hatte.

Der 57-Jährige, seltsam unruhig im Herzen, er möchte selbst nachsehen, fährt nach Hause. Doch über dem Gehöft lastet eine eigentümliche Stille.

Das unwiderrufliche Schweigen des Todes.

In der Scheune findet der Briefträger in einer riesigen Blutlache die grauenhaft zugerichteten Leichen seiner 18-jährigen Tochter und der Ehefrau. Auf dem Boden des Schuppens, neben den beiden Toten, entdeckt der völlig geschockte Mann eine abgetragene, schäbige Kappe. Es ist die Mütze von Franz S. – wenige Stunden später, gegen 17.30 Uhr, kann der Handwerker, der zu Fuß geflüchtet war, bei Heiligenkreuz von der Gendarmerie verhaftet werden.

14 Monate später steht der Zimmermann vor Gericht, gesteht die Tat in allen Einzelheiten. Details, voller Grauen, die aber auch die Gefährlichkeit des Doppelmörders entlarven: So war Franz S. der

angehenden Krankenschwester in ihre niederösterreichische Heimat nachgereist und hatte an diesem Karfreitag abgewartet, bis der Vater und die Geschwister von Leopoldine das Haus verließen. Dann wollte er in das Zimmer des Mädchens schleichen, seine kranke, abartige Seele hatte den Tod der Ex-Geliebten bereits beschlossen: »Wenn ich sie nicht haben kann, dann soll sie keiner haben …«

Doch bereits in der Scheune wurde Franz S. von der Mutter des Mädchens überrascht. Das Todesurteil für die Frau, die laut um Hilfe schrie: Mit einem Holzprügel erschlug der Mann die 53-Jährige – »ich wollte ihr den grausamen Anblick ersparen, ihre Tochter im Blut liegen zu sehen«, wie er später sarkastisch zu Protokoll gab. Minuten später lief Leopoldine, durch die Schreie alarmiert, in den Schuppen – der Zimmermann schlug wieder zu – »solange, bis sie sich nicht mehr rührte …« Die Geschwornen stimmen einhellig: Franz S. wird zu lebenslanger Haft verurteilt und in die Justizanstalt Stein eingeliefert.

Ein unauffälliger Häftling, der sich scheinbar mühelos in den Gefängnisalltag einfügt.

Bis zum Jahr 1988, als Franz S. plötzlich zu fantasieren beginnt. »Poldi«, die Geliebte, die sterben musste, weil sie ihn verlassen hatte, sie würde ihm immer wieder zuwinken. Vor dem Fenster seiner Zelle.

Es sind gefährliche Wahnvorstellungen, die von dem Doppelmörder Besitz genommen haben – Franz S. wird in die Sonderstrafanstalt Göllersdorf überstellt und über Jahre behandelt.

Unfassbar: Zugleich aber werden dem abnormen Häftling von der Gefängnisleitung auch immer wieder Freigänge zugestanden. Und so kann Franz S. bei exakt 194 Ausflügen ungehindert Fußballspiele oder aber auch Prostituierte besuchen. Ebenso schreibt der Gefängnisinsasse regelmäßig auf Inserate in Sex-Magazinen, lässt sich die Antwortbriefe der kontaktfreudigen Damen an eine Chiffre-Adresse schicken. Um sich dann, bei einem seiner nächsten Ausgänge, mit den »Brieffreundinnen« zu treffen – für Besuche in einem Stundenhotel in Wien-Neubau.

Das Leben eines Lebenslangen in aller erdenklicher Freizügigkeit, ermöglicht durch die leichtsinnige Toleranz der Behörden, die

Wenige Stunden nach dem Doppelmord konnte der Täter von der Gendarmerie verhaftet werden. In der Scheune, dem Tatort, musste er die furchtbare Tat noch einmal rekonstruieren.

in dem Doppelmörder zugleich Illusionen nährt; fatale Fantasien, bald tatsächlich frei zu sein: »Ich fuhr auch mit Fernfahrern quer durch ganz Österreich, dennoch waren diese Ausgänge eine enorme Belastung für mich. Weil es immer schwerer fiel, zurück in die Zelle zu gehen«, so Franz S. später vor Gericht.

Deshalb stellt er mehrere Anträge auf vorzeitige Entlassung. Doch diese Gesuche werden immer wieder abgewiesen; Entscheidungen, die der Inhaftierte nicht akzeptieren will, weil das Leben in Freiheit greifbar nah scheint.

Dennoch hofft der Doppelmörder weiter – bis er bei seiner Beschäftigung als Hausarbeiter die Durchschriften seiner eigenen Gefängnisakten im Altpapier beim Müll findet, mit ziemlich negativen Beurteilungen seines Charakters.

In diesem Moment erkennt Franz S., dass er keine Chancen mehr auf Freiheit hat – und dreht im März 1995 erneut durch. Mit einer Kettensäge und einem Benzinkanister verschanzt er sich im Müllraum der Haftanstalt, droht mit Selbstverstümmelung und möchte so ein Gespräch mit dem für seine Entlassung zuständigen Richter erzwingen.

Sofort wird der Jurist verständigt. Zugleich informiert die Gefängnisleitung auch die Psychotherapeutin des Mörders: Die 39-jährige Veronika K., eine engagierte Medizinerin, die ihre Arbeit mehr als Berufung denn als Beruf sieht. Zu ihr hat Franz S. Vertrauen und lässt sich wieder beruhigen.

Das dritte Opfer des Mörders: Die 39-jährige Psychotherapeutin Veronika K., die von dem Häftling in dessen Zelle erstochen wurde.

Doch es ist mehr als Vertrauen, der Doppelmörder hat sich verliebt. In seine Therapeutin. Eine geheime Liebe, verhängnisvoll, von der die Medizinerin nichts ahnt …

Zwei Wochen später, Veronika K. besucht den Verbrecher wieder einmal in seiner Zelle. Es soll einer ihrer letzten Besuche werden, denn die Ärztin und Mutter eines 13-jährigen Sohnes, die selbst eine Karriere als Gefängnis-Leiterin anstrebt, wird die Sonderstrafanstalt Göllersdorf in wenigen Wochen verlassen. Für ein Jahr, zur Weiterbildung, um sich als Direktorin einer Haftanstalt qualifizieren zu können.

Ein Vorhaben, das in Franz S. wieder den alten Hass aufsteigen lässt. »Wenn ich sie nicht haben kann, soll sie auch kein anderer haben …«

Es wird der letzte Besuch der Ärztin.

Mit einem Stanley-Messer, das er im Müll gefunden hat und ungehindert mit in die Zelle nehmen kann, stürzt er sich auf die 39-Jährige. Laute Hilfeschreie, ein Gefängniswärter will der Frau zu Hilfe kommen, hat aber keine Chance: Franz S. sticht vor den Augen des Beamten weiter auf sein bereits bewusstloses Opfer ein. 32 Stiche, Veronika K. verblutet in der Zelle des Doppelmörders.

Im Dezember 1995 steht der Dreifach-Mörder wieder vor Gericht, diesmal im Landesgericht Korneuburg. Das logische Urteil der Geschwornen: erneut lebenslange Haft.

Für die Verwandten der drei Opfer dennoch kein Trost: Sie mussten Mutter, Tochter und Ehefrau verlieren. Durch den unbändigen, grenzenlosen Hass eines Mannes, der nie verlieren konnte.

»ICH BIN EIN GEFÄHRLICHER MANN ...«

Der Arbeiter Johann H. aus der Steiermark – ein heimtückischer, abartiger Verbrecher. Mit 16 fällt er über eine Zweijährige her, missbraucht das Kind und lässt das geknebelte Opfer im Neuschnee liegen – die kleine Barbara kann im letzten Moment gerettet werden. Weil ein Psychiater dem Täter »Ungefährlichkeit« attestiert, bleibt er vorerst frei – ein Skandal in der österreichischen Justizgeschichte. Denn elf Jahre später wird Johann H. als Sexualmörder verhaftet; in Leoben hat er einen 12-jährigen Schüler erstochen ...

Ein kalter Winterabend Ende Dezember 1982, das Jahr geht seinem Ende zu. Es ist die Nacht vor Silvester, eine dichte Schneedecke hat sich über das Land gelegt und das helle Licht des Vollmonds lässt die Eiskristalle eigentümlich funkeln.

Dieser Abend, voller Mystik und wehmütigem Abschiednehmen von den vergangenen Geschehnissen, zugleich aber auch eine Nacht des Grauens.

Kurz nach 22 Uhr an diesem Donnerstag, ein 42-jähriger Sägearbeiter aus Pisching bei Kalwang in der Steiermark bricht zu seinem allabendlichen Spaziergang auf. Bei dieser Runde kommt der Arbeiter auch in dieser Nacht an einem Sägewerk vorbei, als er im matten Schein der Werksbeleuchtung in einem Schneehaufen einen kleinen Schatten wahrnimmt.

Zögernd geht der Mann weiter, steht plötzlich vor einem Kind. Einem Mädchen, das in einem riesigen Schneehaufen liegt; fast nackt, den Mund mit einem Taschentuch geknebelt. In dieser eisigen Nacht, bei minus 12 Grad Celsius.

Der entsetzte Zeuge trägt die Kleine behutsam nach Hause, alarmiert dann sofort die Gendarmerie; das Mädchen, die zweijährige Barbara, wird mit der Rettung ins Krankenhaus eingeliefert. Die schreckliche Diagnose der Ärzte: Barbara ist missbraucht worden, hat außerdem zahlreiche Verletzungen, einen schweren Schock und Erfrierungen.

Ein Kriminalfall voller Rätsel in dieser Vollmondnacht; denn die Zweijährige spricht erst ein paar Worte und kann somit den Fahndern auch nichts über ihre abscheulichen Erlebnisse erzählen. Die kleine Barbara und ihre schreckliche Pein; ein Martyrium, unfassbar.

Die Gendarmerie nimmt ihre Ermittlungen auf: So muss der unheimliche Sexualverbrecher über ausgezeichnete Ortskenntnisse verfügen. Denn die Mutter hatte an diesem Abend zu Hause einige Arbeiten verrichtet – während ihr Ehemann nur 200 Meter weiter bei seinen Freunden vom Eisschützen-Verein war. Weil er aber keinen Schlüssel mitnahm, ließ seine Frau die Wohnungstür offen – und schaute gegen 21 Uhr noch einmal nach Claudia und Barbara, den beiden kleinen Töchtern, die ruhig in ihren Betten schliefen.

Das erste Opfer des Verbrechers: Die zweijährige Barbara, die der Täter aus ihrem Gitterbett entführte und vergewaltigte.

Gegen 22 Uhr konnte der Sexualverbrecher unbemerkt durch die Eingangstür in das Kinderzimmer schleichen und das schlafende Mädchen aus seinem Gitterbett entführen. Anschließend trug der Täter die Kleine zu einer leer stehenden Sägehalle, fiel über sein Opfer her, flüchtete danach im Dunkel der Nacht.

Nur einen Tag später, am Silvesterabend, wird der Gesuchte von den Beamten ausgeforscht. Es ist ein 16-jähriger Bursche aus der Nachbarschaft, der ein lückenloses Geständnis ablegt. Die schonungslose Beichte eines gefährlichen Triebtäters: »Ich hab sie geknebelt, da hat die Barbara wenigstens nicht schreien können …« – an die Details der Vergewaltigung aber will sich der Jugendliche nicht mehr erinnern können.

Trotz dieser ausführlichen Aussage trifft die Justiz eine erste unfassbare Entscheidung: Während Barbara noch immer im Krankenhaus behandelt werden muss, wird ihr Peiniger wieder entlassen, versteckt sich zu Hause; ganz in der Nähe der Eltern seines Opfers. Die zuständigen Juristen indes bagatellisieren den Kriminalfall, der in ihren Augen nur eine »Betastung« war, bei der das Kind lediglich »leicht verletzt« worden ist …

Eine Diagnose voller Brisanz, sehr leichtfertig und gefährlich. Die willkürliche Beurteilung selbstherrlicher Koryphäen.

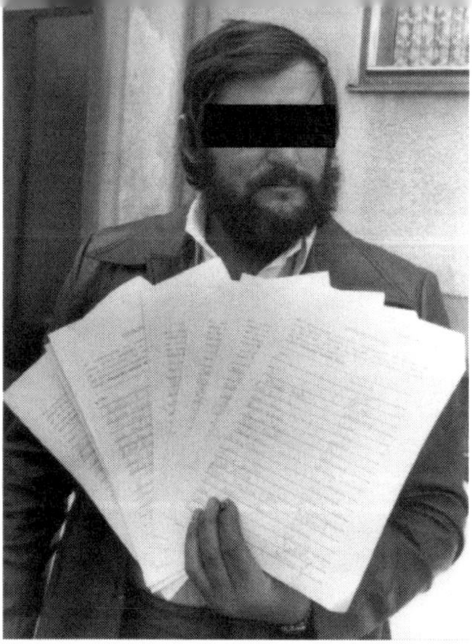

Der geschockte Vater des missbrauchten Mädchens startete eine Unterschriftenaktion – weil die Justiz den Sexualverbrecher nicht festnahm …

Und auch die zutiefst geschockten Eltern des Kleinkindes können diese Entscheidung nicht verstehen – Barbaras Mutter: »Unsere Tochter steht noch immer unter einem schweren Schock, kann nicht einmal kleine Mahlzeiten bei sich behalten.« In seinem Unverständnis wird der Vater schließlich selbst initiativ – und startet eine Unterschriftenaktion: »Sperrt den Verbrecher endlich ein!«

Unzählige Bürger, fast das ganze Dorf, unterschreiben diese Liste; nach einer Woche in Freiheit wird der 16-Jährige erneut einem Psychiater vorgestellt und in die Jugendstrafanstalt Gerasdorf eingeliefert; wegen mehreren Einbrüchen, die er ebenfalls verübt hat. Kurz darauf soll sich Johann H. wegen der Vergewaltigung seines kleinen Opfers vor dem Richter verantworten – und wird zu einer bedingten Freiheitsstrafe von 16 Monaten verurteilt.

Die nächste fatale Fehleinschätzung der Justiz. 16 Monate, knapp eineinhalb Jahre Haft, für die gequälte Seele eines Kindes, die der Täter aber erst im Wiederholungsfall antreten müsste, wenn er wieder über ein Kind herfällt …

Und Johann H. wird wieder rückfällig: Bei Außenarbeiten in der Jugendstrafanstalt lockt er im Mai 1986 einen knapp vierjährigen Buben von einem Spielplatz in ein Kellerabteil, fällt über Florian her und würgt ihn. Ein zweiter Häftling kann das Kind in letzter Minute befreien – Johann H. kommt in eine Einzelzelle, wird wenig später in das Gefängnis am Mittersteig in Wien verlegt und am

Der 12-jährige Christian hatte dem »guten Bekannten« blind vertraut und war von ihm erstochen worden, weil er sich nicht nackt ausziehen wollte.

3. August 1989 erneut entlassen. Dann verliert sich jede Spur des Verbrechers, aber nur vier Jahre lang …

Ein sonniger Samstag im Oktober 1993, der 12-jährige Christian K. aus Leoben ist mit einigen Freunden auf einem Spielplatz unterwegs. Danach trennen sich die Buben, der Schüler möchte gerade nach Hause gehen, als er einen Bekannten trifft. Einen Mann mit einem entzückenden kleinen Hund, der in der Nähe wohnt und als Lagerarbeiter beschäftigt ist. Christian spielt ein wenig mit dem Collie-Mischling, unterhält sich mit dem älteren »Freund«, den er schon seit einigen Wochen kennt – und kann nicht ahnen, dass er in Todesgefahr ist.

Minuten später lädt der Arbeiter den 12-jährigen zu einem kurzen Spaziergang in einen nahen Jungwald ein. Es ist der Weg in den Tod; der Schüler kehrt nie wieder heim.

Tag für Tag suchen die Helfer nach dem vermissten Kind; die Eltern verzweifeln, beten um das Leben ihres Sohnes.

Doch genau zwei Wochen nach dem Verschwinden des Buben hat alle Hoffnung ein Ende. Fast 200 Feuerwehrleute, Bergretter und Polizisten durchkämmen an diesem Samstag ein weitläufiges Gebiet rund um Donawitz, als ein Suchhund 100 Meter neben einem Weg die nackte Leiche des Schülers findet. Mit grauenhaften Stichverletzungen im Hals.

Ein paar Stunden später verhaften die Gendarmen auch den

Mörder des Kindes. Es ist der mittlerweile 27-jährige Johann H., der nach der letzten Haftentlassung als Lagerarbeiter untergekommen war.

Das widerwärtige Bekenntnis eines Mörders: Er wollte den Buben in dem Jungwald vergewaltigen. Doch Christian wehrte sich heftig, zog dabei auch ein kleines Messer, das er kurz zuvor bei einem Kirchtag gekauft hatte. Ein Kindermesser, das Johann H. seinem Opfer entwenden konnte und mit voller Wucht in den Hals des Buben rammte; so lange, bis die »Waffe« brach. Dann stieß er den verblutenden Schüler über einen Abhang und flüchtete nach Hause; wusch seine blutbefleckte Kleidung und legte sich ins Bett. Mit der Seelenruhe eines Triebverbrechers, der sich noch immer in Sicherheit wog.

Und so ist Johann H. auch beim Lokalaugenschein auffällig ruhig, zeigt keine Reue und lächelt nur kühl: »Es ist mir halt passiert ...«

Im Juni 1994 steht er wieder vor Gericht, gibt mit unbewegter Stimme zu: »Ich wollte, dass sich Christian auszieht, aber er hat sich geweigert und laut um Hilfe geschrien.«

Jetzt erst, nach mehreren Sexualverbrechen und elf Jahre nach dem grauenhaften Martyrium der kleinen Barbara, attestieren die Gutachter Johann H. eine »unglaubliche Abartigkeit«. Die nun endlich korrigierte Diagnose der Experten, die vielleicht das Leben eines Kindes hätten bewahren können.

Kurz vor der Urteilsverkündung – lebenslange Haft und Einweisung in eine Anstalt für geistig abnorme Rechtsbrecher – erhebt sich Johann H. vor seinem Richter: »Solange dieser Trieb in mir ist, habe ich draußen in der Freiheit nichts verloren. Ich weiß, dass ich ein gefährlicher Mann bin ...«

Die vermeintliche Einsicht eines abnormen Mörders und die nachträglichen Beurteilungen der Gutachter; es sind Erkenntnisse, die viel zu spät festgestellt wurden. Barbara und Christian, ihre Kinderseelen sind ein Mahnmal; für das Hier und das Jetzt, und gegen die stumpfe Voreiligkeit.

Das zweite Opfer des Arbeiters, ein 12-jähriger Schüler, dessen Leiche aus einem Jungwald in Leoben-Donawitz geborgen wurde.

Johann H. (im hellen Pullover) beim Lokalaugenschein in einem kleinen Wäldchen bei Donawitz.

EINSAMER TOD IM CHRISTKINDLWALD

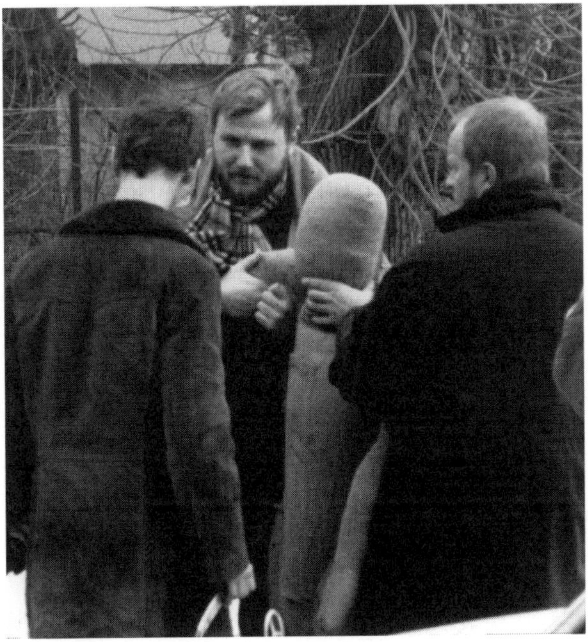

»Ich wollte etwas Böses tun« – das Motiv des 24-jährigen Eduard M. aus Wien, der im März 1988 eine bildhübsche 20-jährige Studentin im Christkindlwald bei Purkersdorf in Niederösterreich ersticht und ihr die Kehle durchschneidet. Jahre zuvor hatte er eine Frau überfallen und einer 17-Jährigen das Gesicht zerschnitten – die Psychiater hielten den Täter dennoch für ungefährlich. Ein fatales Fehlurteil der Gutachter und ein verhinderbarer Mord …

Eine bezaubernde, junge Frau, strahlendes Lächeln, langes, schwarzes Haar, sehr gepflegt. Zugleich überaus gebildet und klug, eine Schönheit, die in sich zu ruhen scheint. Seit genau zwei Jahren lebt die 20-jährige Inderin Reva B. in Wien, studiert in der Bundeshauptstadt Medizin. Ein Mädchen aus gutem Haus; der Vater ein Professor für Rechtswissenschaften, sie selbst durch die ausgezeichnete Erziehung besonders verbunden mit dem Glauben und den Moralbegriffen ihrer indischen Heimat. Deshalb hat die Studentin auch noch keinen Freund, pflegt dafür aber regen Kontakt mit ihren einzigen Verwandten in Österreich: einem Onkel und seiner Frau, die in einem Haus im niederösterreichischen Purkersdorf wohnen. Ein Paar, das Reva B. auch an diesem Samstag im März 1988 besuchen möchte; die tüchtige junge Frau ist voller Freude und Stolz – sie hat gerade eine wichtige Prüfung mit Auszeichnung bestanden, will diesen Erfolg nun mit ihren Familienangehörigen feiern.

Um 17 Uhr verlässt sie ihr Zimmer in einem Studentenheim in Wien-Josefstadt, besteigt um exakt 18.15 Uhr am Westbahnhof den Zug. Doch es ist eine Fahrt ins Verderben, denn kurz darauf verschwindet Reva spurlos.

Als die bildhübsche Studentin auch am Abend nicht bei ihren Verwandten eintrifft, alarmiert der besorgte Onkel sofort die Gendarmerie. Weil seine Nichte immer als absolut verlässlich gilt und überdies in ihrem Quartier der Pass sowie ein Studentenausweis zurückgeblieben sind, schöpfen die Angehörigen sofort Verdacht, befürchten ein Verbrechen.

Deshalb startet die Gendarmerie mehrere Suchaktionen, die junge Frau aber bleibt verschwunden. Bis die Beamten am Donnerstag auch den sogenannten »Christkindlwald« bei der Haltestelle »Purkersdorf-Sanatorium« durchforsten – und in einem Gebüsch die Leiche von Reva B. finden.

Eine Szenerie, grässlich und grauenhaft: Ein Unbekannter hat die Inderin mit unzähligen Messerstichen getötet und ihr dann die Kehle durchgeschnitten. Es muss das Werk einer Bestie in Menschengestalt gewesen sein, voll ungeheurer Gewalt – bei der Obduktion stellt der Gerichtsmediziner später fest, dass der Mörder seinem Opfer mit der Tatwaffe auch die Wirbelsäule durchtrennt hat.

Eine wunderschöne, junge Frau: Die 20-jährige indische Medizin-Studentin Reva B., die ihre Verwandten besuchen wollte, als der Mörder über sie herfiel.

Einzige Zeugin der entsetzlichen Bluttat ist eine Nachbarin, die 300 Meter entfernt wohnt. Die Frau hatte Samstag Abend beim Lüften des Kinderzimmers zwar gellende Hilferufe gehört, ihnen aber keine Bedeutung zugemessen und die Fenster gleich wieder geschlossen; diese Schreie der Todesangst, sie gingen unter in Gleichgültigkeit.

Tagelang fahnden die Beamten nach dem Mörder, überprüfen dabei auch alle amtsbekannten Täter, untersuchen ähnliche Gewalttaten. Und finden alarmierende Gemeinsamkeiten mit den Verbrechen des 24-jährigen Eduard M., auf dessen Konto bereits mehrere Überfälle auf Frauen gehen.

Es ist eine Duplizität der Grausamkeiten.

Denn Eduard M. ist ein Psychopath; ein gefährlich Irrer, der als Jugendlicher Freude daran hatte, Eidechsen den Kopf abzuschneiden – und bereits mit 15 Jahren zum ersten Mal eine Frau überfiel: Er bedrohte die dreifache Mutter mit einer Pistole und wollte sein Opfer vor den Augen ihrer kleinen Kinder vergewaltigen; doch die 24-Jährige trieb den Gewalttäter durch laute Schreie in die Flucht. Zwar erstattete die Frau damals sofort Anzeige und Eduard M. wurde von den Beamten auch einvernommen, doch dann beschwichtigten die Fahnder: »Wir werden ihn im Auge behalten …«

Und so konnte Eduard M. im März 1983 ungehindert erneut zuschlagen: Ganz in der Nähe dieses »Christkindlwaldes« lauerte er einer 17-jährigen Schülerin auf, zerschnitt ihr mit einem Tapeziermesser das Gesicht, durchtrennte seinem Opfer dabei auch die Wange – das Mädchen bleibt für immer entstellt. Fünf Wochen ermittelten die Fahnder damals – weil die Schwerverletzte zu Protokoll gegeben hatte, dass ihr Peiniger eine besonders starke Brille trug. Alle Optiker in Wien und Umgebung wurden befragt; bis sich ein Geschäftsmann an den jungen Kunden und seine überdimensionalen Augengläser erinnerte – der 19-Jährige wurde verhaftet und zu 30 Monaten Haft verurteilt; beim Prozess gestand er sein Motiv – »Lust am Quälen« – und schrieb gleichzeitig der 17-Jährigen einen glühenden Liebesbrief aus der Zelle nach Hause: »Ich bin so ungeschickt im Umgang mit Mädchen, in Liebe, Dein ewig an Dich denkender Eduard …«

Zeilen, wie ein Hohn für das junge Mädchen mit den Narben des Sadisten im Gesicht.

Eduard M. indes verfasste in der Haft ein weiteres Schreiben, bat darin den U-Richter um seine eigene Kastration, »um meinen Sexualdrang auf Frauen zu beherrschen«. Trotzdem musste er nur 20 Monate seiner Strafe verbüßen, im Rahmen der Weihnachtsamnestie 1984 wurde der Psychopath bedingt aus der Haftanstalt entlassen. Ohne Behandlung durch einen Psychiater – der Gutachter hielt den Verbrecher für ungefährlich. Eine absolute Fehleinschätzung.

Und so wird Eduard M. nach der grauenhaften Bluttat an der wunderschönen indischen Studentin erneut verhört und legt schließlich ein Geständnis ab. Ein Protokoll des Todes, voller Widerwärtigkeiten.

An der Bahnstation Purkersdorf-Sanatorium nahm der Psychopath die Verfolgung seines Opfers auf.

Ein Dokument des Grauens: So schleppte der 24-Jährige die Schwerverletzte in den Wald, ehe er ihr die Kehle durchschnitt.

Beamte der Mordkommission suchen im sogenannten »Christkindlwald« nach weiteren Spuren.

So hätte der 24-Jährige, der immer wieder unter unerfindlichen Muskelkrämpfen und Rückenbeschwerden litt, an diesem Samstag eigentlich im Spital behandelt werden sollen. Doch es ist kein Bett frei, also möchte der 24-Jährige seine Eltern im Wochenendhaus in Purkersdorf besuchen. Zugleich aber reift in dem Mann, der zu Hause stapelweise Berichte über erstochene Mordopfer sammelt, auch ein anderer Plan. Das wahnsinnige Vorhaben, »etwas Böses« zu tun. Abartig, von Grund auf gefährlich. Eduard M. steckt ein Messer ein …

Kurz darauf trifft er im Zug auf die Studentin. Und folgt ihr, als die 20-Jährige in Purkersdorf aussteigt.

Diese ihm völlig unbekannte Schöne, die der Psychopath noch nie zuvor gesehen hat. Er schaut ihr nicht ins Gesicht, er spricht sie auch nicht an; er beschließt, Reva zu töten. Das Todesurteil.

Ein paar Schritte, die Inderin geht gerade über eine kleine Brücke, als Eduard M. seinem Opfer plötzlich wortlos das Messer zwischen die Schulterblätter in den Rücken rammt. Die Inderin, trotz der schweren Verletzungen ist sie wie in Trance, der Schock hat sie offenbar paralysiert. Sie lässt sich von ihrem Mörder weiterführen, dirigieren; die Angst um ihr Leben hat Reva willenlos gemacht. Nach 50 Meter bricht sie zusammen und kriecht trotzdem weiter – ihrem eigenen Tod entgegen, als Eduard M. das Mädchen in den »Christkindlwald« zieht und sein blutiges Werk beendet.

Minuten später zieht er der Toten Mantel und Stiefel aus, verstaut die Habseligkeiten der jungen Frau in einem mitgebrachten Plastiksack, wirft die Schuhe dann in einen Mistkübel. Danach fährt der Mörder nach Hause in die Wohnung seiner Eltern in Wien, verbrennt die Kleidung seines Opfers; und lässt sich ab Montag, als ein Spitalsbett frei wird, im Krankenhaus behandeln …

Ein Jahr später steht Eduard M. vor Gericht, legt erst ein Geständnis ab und bestreitet dann jede Schuld. Doch die Beweise sind erdrückend: In seiner Wohnung wurde ein blutiges Taschentuch mit der Blutgruppe der Inderin sichergestellt, auf seinem Mantel fanden sich eindeutig Spuren vom Pullover seines Opfers – und auch von der Tatwaffe, die Eduard M. weggeworfen haben will, konnte er bei seinem ersten Geständnis eine exakte Zeichnung anfertigen. Ein Messer, dessen Klinge 16 Zentimeter misst und auf der Rückseite Sägezähne hat. Allesamt Angaben, die auch genau mit dem Obduktionsergebnis übereinstimmen.

Zuerst wird Eduard M. von den Geschwornen zu lebenslanger Haft verurteilt. Danach legt der Täter Berufung ein, das endgültige Urteil: 20 Jahre und Einweisung in eine Anstalt für geistig abnorme Rechtsbrecher – weil das nunmehrige Gutachten eines Sachverständigen »eine hochgradige geistige und seelische Abnormität« bestätigt.

Der Mord an der schönen Studentin – die Chronologie eines angekündigten Todes, einer unfassbaren Tragödie. Ein Kriminalist: »So unendlich bitter, weil eigentlich seit Jahren vorhersehbar, eine verhinderbare Katastrophe…«

MESSERMORD IM KLASSENZIMMER

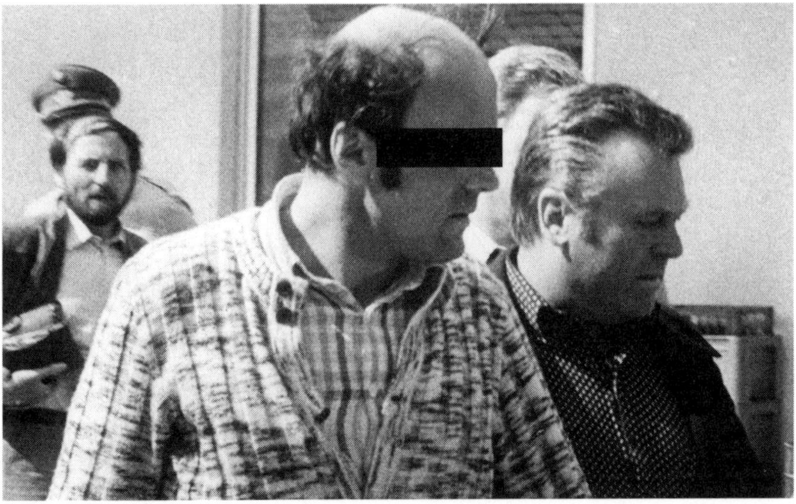

Aus Eifersucht fällt ein 35-jähriger Frührentner im Mai 1982 in einer Volksschule in Buchkirchen bei Wels (Oberösterreich) über seine ehemalige Freundin, eine 25-jährige Lehrerin und Mutter seiner zweijährigen Tochter, her. Dann schneidet er der Frau vor den Augen ihrer 24 Schüler mitten im Klassenzimmer die Kehle durch. Das Opfer stirbt Minuten später – der blutverschmierte Mörder will mit einem Taxi flüchten. Doch der Chauffeur alarmiert die Gendarmerie, der Täter wird verhaftet.

Die idyllische Ortschaft Buchkirchen bei Wels in Oberösterreich an einem Freitag Mitte Mai 1982: Über dem Dorf strahlt die Sonne vom Himmel und ein leichter Südwind vertreibt selbst die letzten Wölkchen vom Horizont. Ein wunderschöner Frühlingstag, der auch die Kinder der kleinen Schule ins Freie locken möchte.

Deshalb sind die Schüler schon ein bisschen ungeduldig, müssen aber noch warten – erst in einer Viertelstunde wird die Glocke läuten, pünktlich um 12 Uhr.

Einige Augenblicke nur, und dennoch Momente, die sich unauslöschlich in die Herzen der Kinder einprägen werden. Szenen des Grauens, voller schonungsloser Brutalität, für diese kleinen Seelen unvergesslich; wie abgrundtiefe, unsichtbare Wunden, die keine Heilung kennen.

Denn genau in diesen Minuten steigt vor dem Gebäude ein Unbekannter aus einem Taxi. Ein Mann, unscheinbar und farblos; verwaschene Wollweste, Stirnglatze, ungepflegtes Auftreten.

Mit monotoner Stimme fragt er den Schulwart nach dem Weg zur 3. Klasse. Der 59-jährige Bedienstete hält den Fremden für einen willkommenen Besucher; wie immer hilfsbereit, gibt er bereitwillig und gerne Auskunft, ehe er sich wieder seiner Arbeit zuwendet: »Wenn Sie die Lehrerin brauchen, dann müssen Sie nur anklopfen …«

Der angebliche Gast hält sich an diese Weisung, geht den hellen Gang entlang, bedächtige Schritte, fast geräuschlos. Dann steht er vor der Klassentür, pocht kurz an. Die 25-jährige Lehrerin Wilma A., eine zarte, hübsche Frau, öffnet nur Sekunden später – und schreckt zurück.

Der vermeintliche Besucher ist der 35-jährige Helmut L., der Vater ihrer zweijährigen Tochter, von dem sie sich fünf Monate zuvor getrennt hatte – und der sie seit Wochen mit seinen Hasstiraden der Eifersucht verfolgt.

Eine Beziehung voller Schwierigkeiten und Probleme. Die hübsche, zarte Frau, damals noch in einer Sonderschule in Marchtrenk beschäftigt, hatte den gelernten Automechaniker vor Jahren kennengelernt. Ein Arbeiter, der nach einem schweren Unfall in Frühpension hatte gehen müssen und seitdem regelmäßiger ärztlicher Betreuung bedurfte. Für Wilma A. aber waren diese gesundheitlichen

Das Opfer: Die 25-jährige Lehrerin Wilma A., eine hübsche, zarte Frau.

Nachteile kein Hindernis. Sie verliebte sich in den schroffen, bärbeißigen Mann; zog zu Helmut L. in dessen Wohnung nach Wels – und bekam kurz darauf Simone, ihre kleine Tochter, ein Wunschkind.

Der Automechaniker in Frührente indes war mit seiner Vaterrolle offenbar überfordert. Auf der einen Seite die Zuneigung zu dem kleinen Wesen, gleichzeitig aber auch die fehlende Geduld, dieses Unvermögen bei der Betreuung eines Kleinkindes. Immer öfter war er mit seinen Freunden unterwegs, beschwerte sich bei den Bekannten: »Mich macht das Kind manchmal so nervös ...«

Das Familienleben indes ignorierte Helmut L. immer mehr, schwieg sich zu Hause lieber aus. Und Wilma A. verzweifelte an dieser offenbaren Lieblosigkeit, vertraute ihren Kummer auch der Schuldirektorin an: »Er redet fast nichts mehr mit mir. Ich will ihn nicht verlassen, aber unter diesen Umständen kann ich nicht länger mit ihm zusammenleben ...«

Der ehemalige Automechaniker jedoch geht nicht auf die Sorgen der Lebensgefährtin ein, vergräbt sich dafür immer tiefer in seinen Wahnvorstellungen, bedrohlich und abstrus; es sind die Halluzinationen eines Irren, voller Grausamkeiten, die von den Gutachtern später als gefährliche Anfälle von Schizophrenie diagnostiziert werden ...

Im November 1980 dann das Ende – die Frau sieht keine Chancen mehr für diese Beziehung; sie übersiedelt mit der kleinen Tochter zu ihren Eltern, die in Krenglbach, einem Dorf nahe bei Wels, leben. Und wechselt gleichzeitig auch den Posten; nur zwei Wochen nach dem Umzug tritt sie noch im November in der kleinen Dorfschule in Buchkirchen ihren Dienst an, übernimmt die 3. Klasse.

Diese Trennung, für den 35-jährigen Mann unerträglich; immer wieder schleicht er in dem kleinen Dorf um das Haus der Ex-Geliebten, beobachtet die Frau. Voller Eifersucht und Neid auf das neue Leben der Lehrerin. Ein Wahn, der sich manifestiert, immer mehr Besitz nimmt von dem Automechaniker …

Und an diesem Freitag im Mai 1982, wenige Minuten, bevor die Schulglocke läutet, explodiert: Als die Lehrerin das Pochen hört, die Tür öffnet – und der Automechaniker mit einem Messer vor ihr steht.

Wortlos zieht der Frührentner die Waffe, packt die Lehrerin. Mit einem kräftigen Schnitt durchtrennt er ihr nur ein paar Sekunden später die Kehle, sticht auf sein Opfer ein – vor den Augen der 24 Kinder. Blutfontänen, die aus dem Hals des Opfers schießen, diese große, klaffende Wunde; das Klassenzimmer gleicht einem Schlachtfeld – die kleinen Schüler, sie sind zutiefst geschockt, laufen in Panik davon.

Doch die 25-jährige Frau will ihrem Peiniger entkommen, taumelt durch die Klasse, der Körper von Stichwunden übersät. Mit letzter Kraft flüchtet die lebensgefährlich Verletzte durch das Parterre-Fenster in den Schulgarten, bricht aber nach 20 Metern auf der Wiese zusammen.

Die Hilferufe der Kinder haben auch die Lehrerin der Nachbarklasse alarmiert. Als die 34-Jährige die Tür öffnet und den Unbekannten mit dem Messer sieht, lässt sie ihre Buben und Mädchen ebenfalls durch ein Fenster ins Freie flüchten: »Ich habe Angst gehabt, dass er durchdreht und auch auf die Kinder losgeht …«

Dann will die Frau ihrer Kollegin zu Hilfe kommen und hat doch keine Chance.

»Warum hat mir denn niemand geholfen?« – die letzten Worte der jungen Mutter, voller ohnmächtiger Verzweiflung – Minuten später ist die Lehrerin tot.

In diesem Klassenzimmer fiel der Mörder über seine Ex-Freundin her und schnitt ihr vor den Augen der Schüler die Kehle durch.

Ein Bild des Schreckens: Große Blutlacken vor der Klassentür dokumentieren die verzweifelte Flucht der schwer verletzten Frau, die ihrem Peiniger noch entkommen wollte.

Während die Kinder weinend im Schulhaus um Hilfe rufen, geht der Mörder davon. Seelenruhig und völlig gelassen verlässt er das Gebäude, will in das Taxi steigen, aber seine Kleidung ist blutverschmiert – der Chauffeur wird misstrauisch, alarmiert sofort die Gendarmerie.

Kurz darauf kann der Frührentner von der Gendarmerie noch am Tatort vor der Schule verhaftet werden. Bei den Ermittlungen der Mordkommission stellt sich heraus: Der Täter, der auch unter Wahnvorstellungen litt, hatte die Tat offenbar minutiös geplant – und die Mordwaffe, ein Klappmesser, bereits eine Woche zuvor in einem Geschäft in Wels gekauft.

Fast auf den Tag genau ein Jahr später steht Helmut L. in Wels vor Gericht; schildert völlig ungerührt und kaltschnäuzig noch

Traurige Blicke, im Schmerz vereint: Die Schüler der ermordeten Lehrerin beim Begräbnis der beliebten Pädagogin.

einmal den Tathergang und seine wirren Fantasiegebilde, die das Verbrechen erklären sollen. Rechtfertigungen, für die Kriminalisten deshalb so unglaubwürdig, weil sie von einem vorsätzlichen Verbrechen überzeugt sind.

»Ich kann in Frauenkleider versteckte Männer und Frauen, die sich in Männerkleidung verbergen, erkennen …« Und weiter: »Fremde Stimmen haben mir diese Tat befohlen …«

Nach ein paar Stunden haben die Geschwornen genug gehört: Helmut L. wird in eine Anstalt für geistig abnorme Verbrecher eingewiesen.

Die Schüler der ermordeten Pädagogin aber können diese Szenen des Schreckens, den für sie unverständlichen Ausbruch an Gewalt, nie mehr vergessen – diese Bilder des Todes; der verstümmelte Körper der Erzieherin, die sterbend im Gras liegt.

Und so begleiten die Kinder ihre Lehrerin auch sehr still und wortkarg auf ihrem letzten Weg. Am Mittwoch, einen Tag vor Christi Himmelfahrt, als Wilma A. in ihrer Heimatgemeinde Krenglbach beerdigt wird. Blasse Gesichter, Tränen des Unverständnisses, und dazwischen immer wieder das leise Schluchzen eines kleinen Mädchens: »Ich kann seither nicht mehr schlafen und habe jede Nacht Albträume, weil ich immer unsere tote Lehrerin vor mir sehe …«

Ein unendlicher Leidensweg aber auch für Simone, die kleine Tochter der Frau, die nicht verstehen konnte, warum ihre Mama nie mehr wieder heimkam. Immer wieder fragt das Mädchen nach ihrer Mami. Eine Zweijährige, deren Vater die Mutter getötet hat. Ein Mann, voll zerstörerischer Visionen, der seinem Kind das Liebste nahm. Die Mutter.

TOD EINES GEISELGANGSTERS

Szenen wie bei einer Straßenschlacht nach einem Überfall auf eine Bankfiliale in Wien im März 1993: Zuerst erschießt der Räuber, ein mehrfach vorbestrafter Verbrecher, auf der Flucht einen jungen Polizisten – dann nimmt er in einem benachbarten Kindermodengeschäft zahlreiche Geiseln. Die Opfer kommen erst nach mehreren Stunden frei, danach schießt der Täter noch auf einen zweiten Polizeibeamten.

Ein kühler, trüber Sommertag, dichte Wolken verschleiern den Himmel über Wien, dann setzt auch noch Nieselregen ein, das Thermometer zeigt frische 15 Grad – ein unfreundlicher Montag Mitte Juni 1993, unangenehm und düster.

Es ist exakt 11.50 Uhr, als der Unbekannte eine Bank-Filiale in Wien-Döbling betritt. Getarnt mit roter Perücke und Strumpfmaske, in der Hand eine Waffe, bedroht er den Kassier. Der Bankangestellte bleibt ganz ruhig und besonnen, schiebt dem Fremden Geld über das Pult: rund 100.000 Schilling, darunter auch ein Alarmpaket – gleichzeitig gelingt es dem Mann, unbemerkt das Warnsignal bei der Alarmzentrale der Wiener Polizei auszulösen. Als der Räuber flüchten will, explodiert das präparierte Geldbündel – doch der Täter lässt sich nicht beirren, er entkommt auf einem Fahrrad.

Der Beginn eines Infernos der Gewalt: Denn der Kriminelle ist ein äußerst gefährlicher Verbrecher, mehrfach vorbestraft. Geprägt von mörderischer Entschlossenheit; einer, der nichts mehr zu verlieren hat.

Ein paar Sekunden später nimmt die Polizei die Verfolgung auf: zwei Beamte in einem Funkwagen, die eigentlich zur Überwachung einer Botschaft im Einsatz sind – und, zu Fuß, der 26-jährige Revierinspektor Gerhard R., der um Punkt 12 Uhr einen Schulweg absichern soll.

Der Vater einer fünfjährigen Tochter, er ist schon seit Wochen ein wenig niedergeschlagen, in sich gekehrt – vor einigen Monaten hat seine Frau die Scheidung eingereicht. Deshalb ist er von Wien in eine kleine niederösterreichische Stadt übersiedelt, fährt seitdem täglich mit der Bahn zum Dienst. Zwar sieht Gerhard R. sein Kind regelmäßig – dennoch haben dem Mann die privaten Auseinandersetzungen zugesetzt; diese Wehmut um das vergangene Familienglück, es ist die Melancholie des Herzens, die den zuversichtlichen Blick auf die Zukunft trübt. An diesem Montag aber ist der 26-Jährige seit Langem endlich ein bisschen fröhlicher gestimmt: Sein Vater hat ihm ein Auto geschenkt, und so ist Gerhard R. erstmals seit dem Umzug nach Niederösterreich mit dem Wagen zum Dienst gefahren – für den Beamten eine ziemliche Erleichterung, wie ein winzigkleiner Lichtblick.

Der Tatort in Wien-Döbling: In diesem Kindermodengeschäft nahm der Verbrecher mehrere Geiseln.

Bevor sich der Bankräuber selbst richtete, schoss er auch auf den Wiener Polizei-Oberst Fritz Maringer. Der Polizist hatte unglaubliches Glück: Das Handy in der Brusttasche seines Hemdes rettete ihn vor dem Tod.

Und nun dieser Alarm, der ihn gerade über sein Funkgerät erreicht hat; der Revierinspektor nimmt die Verfolgung auf, will den Räuber ein paar Straßen weiter stellen: »Halt! Stehen bleiben! Polizei!« Mutig und beherzt, durch und durch Polizist, schon seit seinem 15. Lebensjahr; einer, der das Leben der anderen schützen, bewahren möchte.

Eine Furchtlosigkeit, die dem jungen Beamten nun zum Verhängnis wird.

»Halt! Stehen bleiben!« – und der Verbrecher bleibt auch stehen. Auf einer belebten Einkaufsstraße in Wien-Döbling, direkt vor einem Kindermoden-Geschäft, dreht er sich um, blitzschnell; dann hebt der Unbekannte seine Waffe, drückt ab. Zwei Schüsse, die den Polizisten mitten ins Herz treffen; der Revierinspektor bricht zusammen – vor den Augen der beiden Beamten im Funkwagen, die zusehen müssen, wie ihr Kollege tot zu Boden stürzt. Völlig machtlos, weil sie keine Möglichkeit haben, den irren Schützen außer Gefecht zu setzen.

Danach geht es Schlag auf Schlag: Der Räuber stürmt in das Kindermoden-Geschäft, verschanzt sich in dem Laden und will einige Geiseln in seine Gewalt bringen. Doch einem 16-jährigen Lehrmädchen und einer 50-jährigen Verkäuferin gelingt in letzter Sekunde die Flucht – sie können sich in einem nahen Kaffeehaus in Sicherheit bringen.

Drei weitere Frauen und ein kleines Mädchen aber sind dem Kriminellen ausgeliefert. Unter ihnen eine 32-jährige Hausfrau und ihre sechsjährige Tochter, die das schlechte Wetter an diesem Sommertag für einige Besorgungen nützen wollten – und nun zwischen bunten Kleidchen in der Garderobe stehen, um ihr Leben fürchten. Eine hilflose Ohnmacht, deshalb so grausam, weil es kein Entrinnen aus diesem blutigen Chaos gibt.

Die Polizei will mit den Einheiten eines Sondereinsatz-Kommandos den Geiselgangster zur Aufgabe bewegen. Aber der Unbekannte denkt nicht an Rückzug, schießt auf jeden, der sich dem leblosen Polizisten nähert.

Kugelsalven, wie im Krieg, und Menschen in Panik vor dieser unberechenbaren Gewalt. Szenen, einem Feldzug ähnlich, als Kinder auf dem Heimweg von der Schule unvermittelt in das Feuergefecht geraten, sich völlig verängstigt hinter Mülltonnen und in Hauseingängen verkriechen müssen. Bilder aber auch, die berühren, zu Herzen gehen: Ein achtjähriges Mädchen etwa, das gerade in den

Nachdem eine Spezialeinheit der Polizei das Geschäft gestürmt hatte, wurde die Leiche des toten Geiselgangsters geborgen.

Ein Blumenmeer am Tatort erinnert an den 26-jährigen Revierinspektor Gerhard R., der von dem Täter auf der Flucht erschossen worden war.

Hort unterwegs war, als die Schießerei begann. Die Kleine hockt sich hinter einen Abfalleimer, nimmt die Hefte aus der Schultasche; beginnt dann in aller Ruhe, ihre Hausaufgaben zu schreiben. Der Weg der Normalität als einzige Chance für das Kind, diese würgende Angst in ihrer kleinen Seele zu ertragen.

Bis einer der Spitzen-Kriminalisten Österreichs zum Einsatz kommt: Fritz Maringer, Oberst im Wiener Sicherheitsbüro und erfahrener Taktiker bei hochkomplexen Fällen, kann telefonischen Kontakt mit dem Verbrecher aufnehmen. Doch kurz darauf drohen alle Verhandlungen zu kippen, der Gangster dreht fast durch: Im Radio hat er gerade vom Tod des jungen Polizisten gehört, verfällt daraufhin in gefährliche Panik.

Der Polizei-Oberst aber behält eiserne Nerven, bringt den Täter dazu, zwei Geiseln freizulassen. Um 14 Uhr, nach vier Stunden voller Dramatik, können die Mutter und ihre sechsjährige Tochter den Laden endlich verlassen. Doch Fritz Maringer kämpft weiter, um das Leben der anderen Gefangenen; endlose Diskussionen, bis der Geiselgangster endlich zu einem persönlichen Gespräch bereit ist. Der Kriminalist: »Als ich das Geschäft betrat, stand er breitbeinig vor dem Pult, in Kombat-Stellung, einen schweren Revolver in seinen ausgestreckten Händen. Aber zu diesem Zeitpunkt wussten wir noch nichts über die Identität des Täters …«

Der unbewaffnete Polizist, noch zwei Opfer befinden sich in der Gewalt des Unbekannten, er verhandelt weiter. Einfühlsam, sehr ruhig – mehr als sechs Stunden später lässt der Bankräuber seine letzten Geiseln frei. Und verliert Sekunden darauf endgültig die Nerven. Hebt noch einmal seine Waffe gegen einen Polizisten, zielt auf das Herz des Beamten, drückt ab – und trifft.

Doch Fritz Maringer hat unglaubliches Glück: Das Handy in der Brusttasche seines Hemdes hat den tödlichen Schuss abgefangen, das Projektil bleibt in der Tastatur stecken – der Oberst kommt mit leichten Verletzungen davon, der zweite Schuss hat ihn nur an der Hüfte gestreift.

Minuten später stürmen Scharfschützen der Sondergruppe »Wega« das Geschäft; bewaffnet mit Spezialgewehren, Tränengaspistolen und kugelsicheren Westen, eröffnen die Polizisten sofort das Feuer. Doch der Gangster ist bereits tot – er hat sich mit seinem Revolver selbst gerichtet, eine Kugel in den Mund gejagt.

Dann wird der Verbrecher demaskiert: Es ist der 41-jährige Robert S. aus Wien; ein Sadist, dessen Leben geprägt war von Gewalt. So quälte er bereits als 19-jähriger Soldat in einer burgenländischen Kaserne stundenlang einen Kollegen, abartig und pervers, desertierte anschließend. Danach folgten zahlreiche Verurteilungen wegen verschiedener Einbrüche und anderer Straftaten. Zum Schluss saß Robert S. wegen zweier Banküberfälle in Deutschland in Haft: Bei dem letzten Raubzug war er mit seinen Komplizen und dem Fluchtwagen gleich direkt durch die Glastür mitten in den Schaltersaal der Bank gedonnert – der Richterspruch: zwölf Jahre Haft. Doch Robert S., der im Gefängnis das Buch »Wie werde ich Millionär« studierte, muss lediglich die Hälfte der Strafe absitzen; die deutschen Behörden entlassen ihn vorzeitig und schieben den Österreicher im Juli 1992 in seine Heimat ab.

Bereits acht Monate später aber wird er wieder rückfällig – das Motiv für den letzten Bankraub: Geldmangel, weil sich der Kriminelle die Monats-Leasingrate von 35.000 Schilling für seine Luxus-Karosse nicht mehr leisten kann. Ein Cabrio der Spitzenklasse – sein ganzer Stolz, für das er sogar über Leichen geht …

Robert S. – der Geiselnehmer, der einen unschuldigen Polizisten erschoss: Es ist der sinnlose Tod eines jungen Vaters und der stille Tod eines einsamen Helden.

DER MUTTERMÖRDER

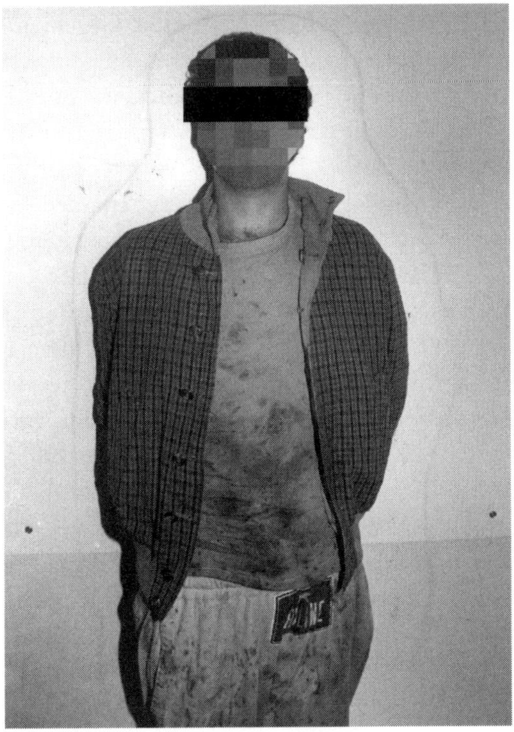

Ein grauenhaftes Blutbad richtet ein 26-jähriger Student im März 1993 in Wien-Währing an: Nach einem Streit ersticht er seine 59-jährige Mutter, schneidet ihr den Kopf ab und deponiert seine furchtbare »Trophäe« in der Boutique seines Opfers. Kurz darauf kann der Mann von der Polizei in dem Geschäft überwältigt werden und legt ein grausiges Geständnis ab.

Ein junger Mann aus guter Familie, der Vater ein Graf, der einem uralten ungarischen Adelsgeschlecht entstammt – die Mutter Ildiko eine erfolgreiche Geschäftsfrau, die sich nach der Geburt ihres einzigen Kindes scheiden lässt, in einer Boutique in Wien-Währing edle Garderobe sowie Designer-Mode verkauft. Und Sohn Michael abgöttisch liebt, ihm ein Leben in Luxus bietet. Ihrem »Prinz«, wie sie ihn schon seit frühester Kindheit liebevoll nennt, soll es an nichts fehlen: eine 115-Quadratmeter-Wohnung in der exklusiven Lage des Wiener Villenviertels Döbling, mehrere Autos, teure Kleidung und immer wieder Bargeld, wenn dem Sohn wie so oft das Geld ausgeht.

Unter dem Deckmantel dieser Idylle aber gärt es gewaltig. Michael T., er ist hochintelligent, sehr stolz auf seine aristokratische Herkunft – und offenbar einem »Adelswahn« verfallen: Ständig beschwert er sich bitterlich bei seinen wenigen Freunden über »die Mutter, die unser blaues Blut besudelt, wenn sie im Geschäft steht und dort Fetzen verkauft…«

Ein Wahn, der sich manifestiert, immer mehr Besitz nimmt von dem 26-Jährigen. Hochexplosiv, von brisanter Gefährlichkeit, aber noch immer gut verborgen in dieser Idylle voll scheinbarer Harmonie. Bis zu einem Sonntagmorgen Ende März 1993:

Michael T. hat die ganze Nacht vor dem Fernseher in der elegant eingerichteten Wohnung der Mutter in Wien-Währing verbracht. Als die 59-Jährige in der Früh aufsteht, macht sie ihm deshalb einige Vorwürfe. Eine belanglose Auseinandersetzung; Vorhaltungen, eigentlich bedeutungslos und unwesentlich. Deshalb erkennt die Geschäftsfrau auch nicht, als in ihrem »Prinzen«, dem Sohn, den sie so liebt, plötzlich alle Schranken fallen; wie blutrote Phantom-Gespenster.

Ildiko T. begreift die Gefahr erst, als Michael mit einem Messer in der Hand vor ihr steht. Das Grauen ist da, das Erkennen zu spät.

»Bist du Gott?« – die letzten Worte der Frau.

Erst zwingt Michael T. seine Mutter, sich nackt auszuziehen, schneidet ihr dann die Haare ab. Diese rötlich gefärbten Haare, die er wahnhaft hasst, weil sie für ihn »das Zeichen des Bösen sind«.

Von ihrem Sohn erstochen und geköpft: die 59-jährige Ildiko T. aus Wien-Währing.

Danach misshandelt er die 59-Jährige, brutal und voller Hass, bricht ihr beide Arme – »damit sie mich nicht mehr dirigieren kann«. Die Halluzinationen eines 26-Jährigen, der nun kein Erbarmen mehr kennt.

Sekunden später packt Michael T. ein Jagdmesser, rammt seinem Opfer die Waffe ins Genick; 15 Stiche, voller Wucht; die Geschäftsfrau hat nicht den Funken einer Chance – der Sohn, nebenbei auch ein passionierter Jäger, er »legt mit 15 Stichen die Vitalzentren lahm«, so hat er es als Waidmann im Revier gelernt; »bricht« die Mutter auf, wie ein Wild. Diese Frau, die ihr Kind abgöttisch geliebt hat, ist bereits tot, als der Sohn zum letzten Stich ausholt, ihr das Messer ins Herz stößt.

Das blutige Finale, wie eine Szene aus einem Horrorfilm: Michael T. nimmt ein Wiegemesser, trennt den Kopf ab – und spießt ihn auf die Mordwaffe. Das Werk eines Wahnsinnigen, in seinem Hass grenzenlos, der sich offenbar das Wappen seiner ebenfalls aus einem ungarischen Adelsgeschlecht stammenden Mutter zum Vorbild nimmt – einen Krummdolch mit dem aufgespießten Kopf eines besiegten Feindes…

Danach versteckt Michael T. seine blutige »Trophäe« in einem Plastiksack, will mit der grausigen Last in seinen Händen aus dem Wohnhaus flüchten. Als er Minuten später durch das Stiegenhaus hetzt, kommt ihm ein Nachbar entgegen, voller Sorge, tief beunruhigt: »Haben Sie diese Schreie auch gehört…?«

Der Student, ganz ruhig und gelassen zeigt er mit seiner blutverschmierten Hand auf den abgetrennten Frauenkopf in dem

Erst verwüstete der Täter die Boutique seines Opfers, deponierte dann den Kopf seiner Mutter auf dem Pult.

Die grauenhaft verstümmelte Leiche der Frau wurde in die Gerichtsmedizin transportiert.

Sack: »Ja, das war sie, die geschrien hat…«, dann läuft er weiter, teilnahmslos und völlig ungerührt.

Der zutiefst geschockte Nachbar alarmiert sofort die Polizei – die ersten Funkwagen rasen zu der Adresse, finden die grauenhaft verstümmelte Leiche der Frau – eine Großfahndung nach dem Sohn wird eingeleitet. Michael T. indes hastet weiter, durch ein paar Gassen; in der einen Hand noch immer den Sack mit seinem grausigen Inhalt – aus dem Beutel tropft Blut, markiert die unheimliche Spur des Muttermörders auf dem Asphalt der Gehsteige …

Das Ziel des 26-Jährigen: das Geschäft seiner Mutter, das nur zwei Straßen entfernt ist. Minuten später steht der Student vor der Auslage der Boutique »Beatrice«; wie von Sinnen zertrümmert er das starke Glas der Auslage, wirft Kleider, Schuhe, die Geschäftsbücher, auf die Straße, verwüstet das gesamte Inventar. Dann legt er den Kopf seiner Mutter auf das Verkaufspult – der Schlusspunkt einer entsetzlichen Tragödie: Der »Sitz des Bösen«, er ist nun am »Ort des

Bösen«, wie der Täter später gleichmütig gesteht. Kurz darauf hat das Grauen ein Ende – der blutbesudelte Student und angehende Akademiker der Wirtschaftsuniversität Wien wird von den Einsatzkräften der Polizei überwältigt und festgenommen. Seine einzige Erklärung: »Ich wollte die Welt von meiner Mutter befreien…«

Neun Monate später muss sich der Muttermörder vor Gericht verantworten und wird als »zum Tatzeitpunkt unzurechnungsfähig« verurteilt. Weil Michael T. – so zwei Gutachter – an einer schizophrenen Psychose litt, als er seine Mutter abschlachtete. Die dringende Empfehlung der Experten: Einweisung in die Psychiatrie, da »eine nicht von der Hand zu weisende Gefahr eines neuerlichen Aggressionsdurchbruches besteht. Deshalb soll der Mann von der Bevölkerung ferngehalten werden.« Der Student wird in die geschlossene Abteilung der Baumgartner Höhe, in den Pavillon 23, eingewiesen.

Doch nur ein Jahr später die erste unverständliche Entscheidung: Trotz der diagnostizierten Gefährlichkeit darf Michael T. immer wieder Freigänge unternehmen, ist auch oft am Tatort in der Wohnung in Wien-Währing zu sehen. Ebenso besucht der Geisteskranke Partys, tanzt nur zwei Jahre nach der Bluttat an der Mutter bei seiner Geburtstagsparty fröhlich Rock'n'Roll. Und kann, weitere unfassbare Regelung der Justiz, seine Mutter auch beerben. Jene Frau, die er so unsagbar grausam ermordet hat. Mehr als 2,5 Millionen Schilling erhält Michael T. – weil er die 59-Jährige laut Gerichtsurteil »nicht mit Absicht getötet hat«.

Im Juni 1999, und nur sechs Jahre nach dem grauenhaften Blutbad, wird Michael T. als »geheilt« entlassen. Rotraud Perner, Universitätsprofessorin für Gewaltprävention: »Dabei benötigen gerade solche Täter, die auch weiterhin als tickende Zeitbomben eingestuft werden, permanente Betreuung. Außerdem müssten auch die Behörden wie Polizei und Bewährungshelfer von einer etwaigen Entlassung informiert werden. Auf der einen Seite, um der Person auch beistehen zu können, wenn sie wieder in eine Krisensituation gerät. Andererseits ebenso zum Schutz der Bevölkerung, denn gerade jene Täter, die als geistig abnorm eingestuft werden, können jederzeit einen Rückfall haben.«

Nur zwei Jahre nach der grauenhaften Bluttat tanzte der Muttermörder auf seiner Geburtstagsparty fröhlich Rock'n'Roll.

Michael T. aber setzt sich mit seinem Erbe heimlich nach Ungarn ab, in die Heimat seiner Vorfahren; meldet seine Abreise auch nicht, wie vorgesehen, der österreichischen Justiz, kann völlig ungehindert untertauchen. Wohnt in einem Hotel, verprasst die Millionen, seine gesamte Hinterlassenschaft. Fällt abermals unangenehm auf, belästigt ständig die Gäste und zündet im Hof des Hauses ein Lagerfeuer an. Dann dreht Michael T. erneut durch: Als der Direktor ihn hinauswerfen will, bedroht er den Mann, setzt dem Hotelier ein Messer an den Hals – und wird ein weiteres Mal verhaftet.

Kurz darauf steht der ehemalige Student und Muttermörder wieder vor Gericht. Dabei stellt sich heraus, dass bereits 1999 eine behandelnde Ärztin eindringlich vor der Entlassung aus der Psychiatrie abgeraten hatte, weil »das Krankheitsbild noch immer nicht restlos abgeklungen ist«. Ein unfassbarer Skandal, denn diese Beurteilung blieb offenbar von der Justiz unbeachtet – Michael T. kam damals trotz dieser Warnung frei. Das Urteil in dem neuen Prozess: Michael T. muss zurück in die Psychiatrie.

Ob der Muttermörder in der Zwischenzeit wieder unter uns lebt, verrät die Justiz nicht; ebenso blieb auch die Polizei uninformiert. Einziger Kommentar: »Er lebt…«

»AUS FREUDE AM TÖTEN ...«

Der 20-jährige Alexander S. aus Wien – ein ekelhafter Sadist: Im August 1994 fällt er beim Schwimmen in einem Ziegelteich in Wien-Favoriten über ein 17-jähriges Mädchen her und foltert sein Opfer mit einem Ast – die Jugendliche stirbt nach einem unfassbaren Martyrium. Nur wenige Stunden später wird der perverse Mörder verhaftet; er hatte schon als Bub Katzen und andere Tiere zu Tode gefoltert. Sein Motiv für dieses widerliche Verbrechen: »Freude am Leid der anderen, Freude am Töten ...«

Sabine. Ein Mädchen von 17 Jahren; zarte Gestalt, dunkelblondes, langes Haar, und große Augen, die manchmal ein wenig zu zweifeln scheinen. Fragende Blicke, wie das dunkle Ahnen um die Endlichkeit, die zugleich auch die Verletzbarkeit ihrer Seele erkennen lassen. Sabine, dieses Kind auf dem Weg zum Erwachsenwerden, sie ist immer sehr freundlich und hilfsbereit, zudem aber stets ein wenig introvertiert, zurückhaltend; ein Teenager, eigentlich eher vorsichtig, der nicht so leicht Anschluss unter Gleichaltrigen findet. Die Einsamkeit des Herzens, und dennoch so viele Träume, die große Sehnsucht nach der Liebe.

Sabine, das Mädchen, das es nicht immer ganz einfach hatte: Nach der Scheidung der Eltern im Jahr 1983 lebte die Sechsjährige erst beim Vater, übersiedelte Jahre später zur Mutter. Und arbeitete seit zwei Jahren als Lehrling in der Filiale einer Supermarktkette. Die angehende Verkäuferin ist bei den Kunden sehr beliebt, ebenso tüchtig in der Berufsschule – so absolviert sie alle Prüfungen mit Erfolg. Bis die 17-Jährige eine Gruppe neuer Freunde kennenlernt.

Eine Clique, vornehmlich Burschen, ziemlich unhöflich und grob; nicht der beste Einfluss für das Mädchen, das nun ein bisschen nachlässig in der Schule wird. Allesamt Jugendliche, die auch einer Kollegin aus dem Supermarkt unangenehm auffallen – deshalb will die Frau das Lehrmädchen warnen: »Das ist kein Umgang für dich, halte dich besser fern …«

Und Sabine nimmt diese Mahnung anfangs zwar ernst, schafft es schlussendlich dennoch nicht, sich von der Clique zu absentieren. Diese wohlgemeinte Trennung, die für sie aber den Weg zurück in die drohende Isolierung bedeuten würde. Das Mädchen schlägt alle Warnungen in den Wind und trifft sich weiter mit den Freunden.

Eine Entscheidung, aus der Einsamkeit ihres Herzens getroffen, und gleichzeitig ein Entschluss, fatal, mit katastrophalen Folgen.

Der Samstag Anfang August 1994: Sabine hat Urlaub, möchte am darauf folgenden Montag mit ihrer großen Schwester in die Steiermark auf Urlaub fahren. Ein paar unbeschwerte Tage, die Jugendliche freut sich auf diese Ferien, hat die Koffer schon gepackt. Vor der Abreise aber will sie sich noch unbedingt von ihren Freunden verabschieden.

Das Opfer dieses unfassbaren Verbrechens: Das 17-jährige Lehrmädchen Sabine W., die an ihrem ersten Urlaubstag getötet worden war.

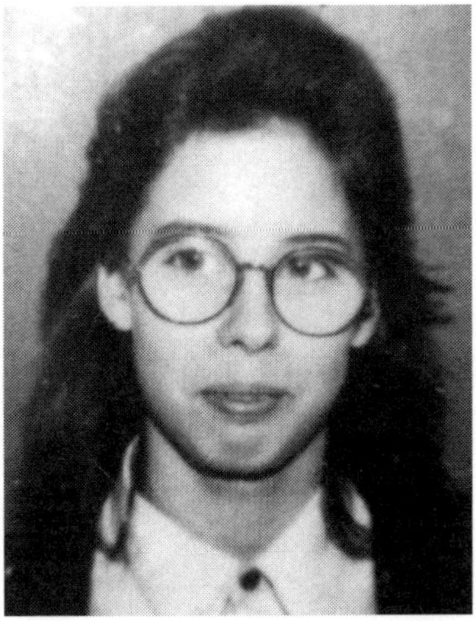

Die Clique fährt auf die Donauinsel; unsägliche Hitze – die Gruppe ist die meiste Zeit im Wasser. Am späten Nachmittag dann brechen die Freunde auf und vereinbaren für den Abend einen Besuch in ihrem Stamm-Café. Auch die 17-Jährige schaut kurz zu Hause vorbei, macht sich hübsch für das Treffen. Es ist genau 19.30 Uhr, als sie sich von ihrer Mutter verabschiedet. Dann geht sie hinaus, in diese dunkle Nacht.

Doch es ist ein Abschied für immer, denn ein paar Stunden später ist das Mädchen tot. Sabine; dieses Mädchen mit der großen Einsamkeit im Herzen.

Kurz darauf, im Stamm-Café: Die Bruthitze liegt noch immer über der Stadt, als die Gruppe beschließt, den heißen Abend mit einem kühlen Bad in einem Ziegelteich beim Wienerberg in Wien-Favoriten zu beenden. Ein Gewässer, das die Freunde nicht kennen. Doch das Lehrmädchen schwärmt begeistert: »Kommt mit schwimmen. Es ist so schön dort im Wasser!« Und die Clique stimmt zu, macht sich auf den Weg. Mit der Straßenbahn fahren alle gemeinsam vom Kaffeehaus in Wien-Wieden weg, kommen gegen 23 Uhr bei dem Badeplatz an.

Ein romantisches Plätzchen; das Wasser, seichte Wellen, die leise an das Ufer perlen. Die Jugendlichen genießen diese Stimmung; sie sitzen auf ein paar Holzbänken, trinken Rotwein und Cola, unterhalten sich.

Es ist bereits nach Mitternacht, als die Gruppe baden gehen möchte. Alle springen ins Wasser, nackt. Nur Sabine nicht. Sie ist ein wenig schamhaft, möchte ihren blauen Badeanzug lieber anbehalten. Doch einer der Freunde, der 20-jährige Alexander S., bedrängt das Mädchen, ihr Trikot zurückzulassen – die 17-Jährige, die an diesem Burschen offenbar Gefallen gefunden hat, will nicht prüde wirken, stimmt widerwillig ein.

Minuten später schwimmen die beiden los. Aber es sind die letzten Minuten in Sabines Leben. Denn in dem Freund steigen Gedanken hoch. Visionen, von Grund auf böse, ekelhaft.

Das Paar ist etwa in der Mitte des Ziegelteiches angelangt, als der 20-Jährige Sabine plötzlich untertaucht. Das Mädchen wird von dem Angriff völlig überrascht, wehrt sich verzweifelt – und ertrinkt beinahe. Mit letzter Kraft erreicht sie Sekunden darauf doch noch das Ufer, als Alexander S. in der kleinen Bucht unvermittelt auf seine Begleiterin einschlägt. Faustschläge, voller Gewalt, denen Sabine hilflos ausgeliefert ist.

Eine Ausgeburt der Aggressionen; erst reißt Alexander S. ein Büschel Gras aus der Erde, knebelt sein Opfer – die lauten Hilfeschreie verstummen. Dann bricht er von einem nahen Gebüsch einige Zweige ab, misshandelt das junge Mädchen. Ein sadistischer Widerling, voll grausamer Fantasien. Weil die Zweige abbrechen, steigt er 22 Meter weiter auf einen Baum, holt einen dicken Ast …

Eine entsetzliche Marter, die das wehrlose Opfer nicht überleben kann – der Täter rammt den Stamm in den zarten Körper, durch die unvorstellbaren Folterungen werden auch beide Lungenflügel zerstochen. Eine Pein, die Sabine aber noch bei vollem Bewusstsein miterleben muss – so das spätere Gutachten des Gerichtsmediziners. Erst als sich die 17-Jährige nicht mehr rührt, lässt der Mörder von ihr ab.

Geht dann seelenruhig zurück zum Wasser, schwimmt zu seinen Freunden. Und spielt den Ahnungslosen: »Ich habe Sabine in der Dunkelheit aus den Augen verloren …«

Als das Lehrmädchen auch nach einer halben Stunde verschwunden bleibt, sind die Freunde beunruhigt, starten eine Suchaktion – und finden zuerst den Rucksack mit der Kleidung der Vermissten.

Beamte der Mordkommission bei der Spurensicherung – neben diesem vergitterten Bootsplatz war das Mädchen gefunden worden.

Es ist etwa 2 Uhr früh, als Alexander S. und seine Freunde daraufhin das gesamte Ufer des kleinen Teiches durchstreifen. Unter ihnen ein Bekannter, der 31-jährige Rauchfangkehrer Karl P., der sich kurz zuvor zu der Gruppe gesellt hatte. Er umrundet mit seinem Hund das Gelände, als »Aron« in der Nähe eines vergitterten Bootsabstellplatzes plötzlich anschlägt. Sekunden später entdecken die Freunde im hohen Gras einen Fuß, gehen weiter – und prallen zurück: Vor ihnen liegt die geschundene Leiche der 17-Jährigen.

Sofort alarmieren die geschockten Zeugen über Notruf die Polizei. Mit Nachtsichtgeräten, Suchhunden und einem Hubschrauber suchen Spezialeinheiten das großflächige Erholungsgebiet nach weiteren Spuren ab. Doch der Mörder ist verschwunden.

Alexander S. indes gibt bereitwillig Interviews, kündigt sogar Rache an: »Den möchte ich erwischen, der das gemacht hat …« Und macht sich dennoch verdächtig.

Denn die Kriminalisten der Wiener Mordkommission vernehmen alle Freunde, dabei verwickelt sich der 20-Jährige immer mehr in Widersprüche, legt schließlich ein Geständnis ab: »Wenn ich aggressiv werde, bin ich nicht zu stoppen, dann kann ich nicht mehr aufhören.«

Der Mörder Alexander S. (20) – in Handschellen demonstriert er den Tathergang: Am Ufer des Ziegelteiches schlug er auf sein Opfer ein.

Dann schleppte er Sabine W. zu dem Gitterkäfig …

… und brach einen Ast von diesem Baum, mit dem er sein Opfer zu Tode folterte …

Weitere Ermittlungen bringen ans Tageslicht, dass Alexander S. bereits als Kind »Freude« daran hatte, seine Katzen und Kaninchen zu Tode zu quälen. Als Jugendlicher wurde der gelernte Maurer, der nie länger als zwei Tage an einem Arbeitsplatz beschäftigt war, mehrfach von der Justiz verurteilt. Weil er die Wohnung einer Nachbarin zertrümmerte und einen Passanten überfallen hatte – genau ein Jahr vor dem furchtbaren Verbrechen, am 7. August 1993, war Alexander S. aus der Jugendstrafanstalt Gerasdorf nach einer einjährigen Haftstrafe entlassen worden.

Im Februar 1995 steht der 20-Jährige als Mörder vor Gericht, wird zu lebenslanger Haft und Einweisung in eine Anstalt verurteilt. Zu Beginn des Prozesses stellt der Staatsanwalt fest: »In diesem Verhandlungssaal wird ein Verbrechen abgehandelt, das es in dieser Grausamkeit noch nie gegeben hat.«

Eine Grausamkeit, die Alexander S. freimütig vor seinem Richter bekennt: »Ich habe Freude am Leid der anderen, ich habe Freude am Töten …«

Es sind Worte, zynisch und voller Verachtung für sein Opfer. Diese 17-Jährige, ein Mädchen, das endlich glücklich sein wollte. Sabine – ein schlichtes Holzkreuz an ihrem Grab, nur mit ihrem Namen, bleibt als Erinnerung.

TEUFEL IN MENSCHENGESTALT

Der 38-jährige Wiener Filmproduzent Wolfgang O. – ein hochgradig gefährlicher Sexualverbrecher. Im Mai 1995 überwältigt er die 23-jährige Bankbeamtin Sonja S., hält die junge Frau drei Tage gefangen. Dann stirbt sie unter unsagbaren Qualen, wird von dem Mörder bei vollem Bewusstsein an einen Betonring gefesselt in einem Fluss versenkt. Das zweite Opfer des Mörders ist die 19-jährige Schülerin Karin M. aus Bisamberg in Niederösterreich, die er erwürgt. Außerdem hat der Täter, der schließlich zu lebenslanger Haft verurteilt wird, auch mehrere Frauen vergewaltigt.

Ein Meer aus Tränen, tief, gefüllt mit Leid und Qual, kaum zu ertragen. Und unsagbare Trauer, die das Herz zerfrisst, gnadenlos, immerfort. Es ist eine ewige Pein, die seither das Leben einer Familie bestimmt. Seit dem 27. Juni 1995, als die Leiche der 23-jährigen Sonja S. aus Wien-Simmering gefunden wurde. Dieser bildhübschen Bankbeamtin, die Wochen zuvor ihrem Peiniger in die Hände gefallen war. Ein Martyrium, unfassbar. Gefoltert, missbraucht, am dritten Tag in einem Fluss versenkt mit einem Betonring, den eigenen Tod immer vor Augen.

Ein Dornenweg, so unendlich grausam, auch für die Verwandten. Aber der 62-jährige Prokurist Helmut S. und seine Frau Elfriede, die leidgeprüften Eltern von Sonja, öffnen noch einmal ihre Herzen. Eine Besinnung als Gedenken an ihre Tochter, die ermordet wurde; von einem Teufel in Menschengestalt.

Und so blicken die Eltern noch einmal zurück auf jene Tage im Mai 1995, die sie nie mehr vergessen werden.

Es ist ein Dienstag, als sich die 23-jährige Sonja, eine überaus zuverlässige Bankbeamtin, am Abend noch mit einem Bekannten trifft. Zu einem nächtlichen Spaziergang auf dem Wiener Schafberg. Auf der Heimfahrt telefoniert sie mit einem Freund, vereinbart ein Treffen in ihrer Wohnung: »Ich bin in zehn Minuten da, gehe vorher nur schnell tanken …« Die letzten Worte der schönen, jungen Frau; denn kurz darauf verschwindet die Angestellte spurlos.

Am nächsten Morgen wollen die Eltern Sonja besuchen; doch die Tochter ist unauffindbar, überdies fehlen der Fernsehapparat, eine Stereoanlage – und die rote Perserkatze »Gizmo«. Sofort alarmieren die verzweifelten Angehörigen die Polizei. Doch Sonja bleibt verschollen, drei Wochen lang. Es sind Tage voll unsäglicher Höllenangst.

Dann die erste, unheimliche Spur: Einige Passanten stehen in der Früh gerade bei einer Autobus-Station in Wien-Liesing, als sie vom Balkon eines nahen Einfamilienhauses plötzlich laute Schreie hören. Auf der Terrasse im ersten Stock steht eine Frau; nackt, gefesselt, fleht die 40-Jährige verzweifelt um Hilfe, wird von der Polizei befreit. Es ist das Einfamilienhaus des 38-jährigen Filmproduzenten Wolfgang O.

Am Balkon des Hauses von Wolfgang O. in Wien-Liesing stand die gefesselte und nackte Frau, die kurz darauf von der Polizei befreit wurde.

Zuerst ermordete der Sexverbrecher die 23-jährige Bankangestellte Sonja S. aus Wien.

Ein Haus des Schreckens – zutiefst geschockt gibt die Frau grauenhafte Einzelheiten zu Protokoll: Nach einem Heurigenbesuch in Perchtoldsdorf wollte die Angestellte eben aus ihrem Auto steigen, als sie von einem Unbekannten überwältigt und gefesselt worden war. Dann brachte der Fremde sein Opfer zu dem Einfamilienhaus, zwang die 40-Jährige durch Schläge, den Code ihrer Scheckkarte und das Losungswort des Sparbuches zu verraten.

Ein Widerling voll perverser Visionen. Danach hat er die Frau vergewaltigt, ehe er das Haus verließ und die Konten seines Opfers plünderte.

Doch von dem Verdächtigen fehlt jede Spur, er hat die Befreiungsaktion durch die Polizei heimlich beobachtet und ist mit seinem Campingwagen geflüchtet.

Kurz darauf sichern Fahnder in dem Haus Spuren und sind verblüfft: Im Büro des Filmproduzenten im ersten Stock finden sich ein Fernseher und eine Stereoanlage. Exakt jene Gegenstände, die aus der Wohnung der seit mittlerweile drei Wochen vermissten Bankbeamtin Sonja S. fehlen. Ein für die Kriminalisten noch völlig unerklärlicher Fall; die Großfahndung nach dem Sexualverbrecher wird ausgelöst.

Aber Wolfgang O. taucht unter, er campiert heimlich in einem Tal beim Attersee in Oberösterreich – und zieht weiter seine Spuren des Schreckens. Wenig später überfällt der 38-Jährige die junge Bergsteigerin Gerda T., zerrt die Frau durch ein Bachbett, ehe er auch sie missbraucht. Dann stülpt Wolfgang O. ihr einen Rucksack über den Kopf, stößt sie in den Kofferraum ihres Fahrzeuges und fährt los. Mehr als 600 Kilometer, quer durch Österreich, bis er am Ufer der Salza in der Steiermark ankommt.

Sein Opfer, eine mutige junge Frau, die mit einer List ihren Peiniger austricksen kann. Während die beiden am Ufer Pause machen, umgarnt sie ihren Entführer, der stets ausrastet, wenn man ihn ablehnt: »Du gefällst mir, ich will dich wieder treffen. Aber zu Hause wird man sich Sorgen machen, wenn ich nicht von meiner Bergtour nach Hause komme …«

Eine Raffinesse, die ihr das Leben rettet; der Sexverbrecher fühlt sich geschmeichelt, notiert sogar die Telefonnummer seines Opfers – und lässt die Frau frei. Kurz darauf alarmiert Gerda T. die Gendarmerie – der Filmproduzent wird wenig später in der Nähe seines Campingplatzes in Oberösterreich verhaftet.

Ein Mann, jämmerlich, vor Selbstmitleid zerfließend, der den Mörderjägern gesteht, dass er auch Sonja S. in seine Gewalt gebracht hatte. Gleichmütig schildert er das Martyrium der 23-Jährigen: So war die Bankbeamtin pausenlos gefesselt, wurde von dem Verbre-

Eine Woche später erwürgte er auch die 18-jährige Schülerin Karin M. aus Bisamberg in Niederösterreich.

An jenem Tag, als Sonja S. in Wien ihre letzte Ruhe fand, demonstrierte der Doppelmörder die Bluttat an der Frau am Ufer der Salza in der Steiermark.

cher auch ständig mit dem Tod bedroht: »Aber jeden Abend habe ich die Fesseln gelockert, damit sie schlafen konnte …«

Die grauenhafte Verantwortung eines Teufels in Menschengestalt. Allein, mit ihrem Verschwinden will er nichts zu tun haben; und auch, als Sonjas entstellte Leiche Ende Juni bei einem Kraft-

Der einzige Trost der Eltern: Die Katze »Gizmo« – im Hintergrund ein Gemälde der getöteten Tochter Sonja.

werk angeschwemmt wird, verteidigt sich Wolfgang O. mit absurden Ausreden: »Es war ein tragischer Unfall …«

Ein Jahr später kommt der Filmproduzent vor Gericht, kennt weiter nur Erbarmen mit sich. Er fleht und jammert um sein eigenes Leben, bleibt aber selbst gelassen, als der Richter die unfassbaren Qualen von Sonja schildert: Diese letzten drei Tage in ihrem Leben. Immer nackt, an den Füßen gefesselt, die ständige Todesangst; dann die Fahrt im Campingbus an das Ufer der Salza, der Täter zerrt sein Opfer in ein Schlauchboot, fesselt es wieder – an einen 30 Kilo schweren Betonring, der kurz darauf untergeht, Sonja in die Tiefe zieht …

Und auch die Gutachter kommen zu der Überzeugung: »Eine menschliche Zeitbombe, die bereits in früher Jugend hätte therapiert werden müssen.«

Die eigentliche Tragödie in diesem Drama: Bereits mit 16 Jahren war Wolfgang O. wegen mehreren Vergewaltigungen zu 15 Monaten bedingter Haft verurteilt worden. Eine der Voraussetzungen für diese bedingte Strafe war ebendiese psychiatrische Behandlung des Jugendlichen, die er auch ein Jahr lang besuchte. Doch dann blieb Wolfgang O. den Therapiestunden plötzlich fern. Zwar meldete sein Betreuer diese unentschuldigte Abwesenheit dem zuständigen Gericht. Doch nichts geschah …

Und so spricht auch der Richter bei der Urteilsverkündung von »einem Menschen, vor dem die Gesellschaft geschützt werden muss« – der Filmproduzent wird zu lebenslanger Haft verurteilt – und steht knapp drei Jahre später wieder vor Gericht: Wegen des Mordes an der 19-jährigen Schülerin Karin M. aus Bisamberg in Niederösterreich, die er nur eine Woche nach Sonjas Tod erwürgt hat. Am Ufer der Salza, dort, wo auch die hübsche Bankbeamtin hatte sterben müssen. Die Geschwornen sind sich ebenso in diesem Fall einig: Die lebenslange Haft wird bestätigt.

Für Sonjas Eltern keine Genugtuung, sie kennen nur noch Trauer und unendliche Bitterkeit: »Unsere Tochter könnte heute vielleicht noch leben, wenn die Beamten damals unsere Sorgen ernst genommen hätten. Denn ständig fehlten weitere Gegenstände aus der Wohnung, die von ihrem Entführer abtransportiert worden waren. Zu einem Zeitpunkt, als Sonja noch gelebt hat. Trotzdem wurde keine Überwachung veranlasst.«

Nun haben diese Eltern noch einmal ihre Herzen geöffnet, für dieses Buch: »Es ist gut, wenn diese Verbrechen wieder aufgezeigt werden. Uns tut es zwar in der Seele weh, aber die Menschen sollen erinnert werden. Denn es wird ja immer nur von den Tätern gesprochen, von den Opfern aber nie; sie werden meist vergessen …«

Die größte Angst der Eltern: »Dass der Mörder unseres Kindes wieder freikommt. Das darf einfach nie geschehen.«

Einziger Trost der Familie ist »Gizmo«, die kleine Katze, die diese Tage des Schreckens im Haus des Filmproduzenten überlebt hat: »Es ist Sonjas Tier und es hilft uns sehr, denn es ist das letzte Lebewesen, das unsere Tochter berührt hat.«

Eine Familie und ihr unendlicher Schmerz; es ist eine Wunde, tief und klaffend, die nie mehr heilen kann.

Danksagung

Mein ganzer Dank gilt meiner Familie und meinen Freunden, die mich mit bewundernswerter Geduld bei der Entstehung dieses Buches überaus ermutigt haben. Für ihre beständige Unterstützung bedanken möchte ich mich aber ebenso bei Traude, Kurt und Christoph; drei Menschen, über die ich mich glücklich schätzen kann, sie kennen zu dürfen.

BILDNACHWEIS

»KOMM MIT MIR, MELANIE ...« – Horst A. Egger (4), Johann Haginger (2)
DIE VIELEN GESICHTER EINES DREIFACH-MÖRDERS – Ernst Kainerstorfer (7), Josef Schröpfer (1), Krone-Archiv (1)
DER REGISSEUR DES TODES – Andi Schiel (5), Josef Schröpfer (1), Krone-Archiv (1)
DREI MORDE IN EINER NACHT – Krone-Archiv (7)
DAS TODESDRAMA DER KLEINEN DANIELA – Krone-Archiv (4), Agentur »Hanni« (1)
DIE JUNGE RIVALIN – Krone-Archiv (5), Peter Lehner (1)
MORD IM BLUTRAUSCH – Krone-Archiv (2), Uta Wiedergut (2), Gert Eggenberger (1)
ENTFÜHRUNG IN DEN TOD – Max Scherer (4), Krone-Archiv (2)
MORD AN EINEM MÖRDER – Krone-Archiv (3), Andi Schiel (3), Gino Molin (1)
»PAPA, WAS IST MIT DER MAMA LOS?« – Krone-Archiv (3), Agentur »Hanni« (2), Fritz Schimke (1)
DER SERIEN-MÖRDER IM ROTLICHT – Andi Schiel (12), AP (1), Krone-Archiv (3)
DAS TOTE FOTOMODEL – Krone-Archiv (4), Josef Schröpfer (1)
DER ZWEITE MORD DES »LEBENSLANGEN« – Krone-Archiv (4), Horst A. Egger (1)
TODESSTICHE IM GEFÄNGNIS – Ernst Kainerstorfer (1), Krone-Archiv (2), Gino Molin (1), Andi Schiel (1)
»ICH BIN EIN GEFÄHRLICHER MANN ...« – Jürgen Radspieler (3), Krone-Archiv (2), Heinz Weeber (1)
EINSAMER TOD IM CHRISTKINDLWALD – Gerhard Gradwohl (2), Josef Schröpfer (2), Martin A. Jöchl (1)
MESSERMORD IM KLASSENZIMMER – Claus M. Muhr (4), Krone-Archiv (1)
TOD EINES GEISELGANGSTERS – Andi Schiel (2), Klemens Groh (1), Krone-Archiv (2)
DER MUTTERMÖRDER – Andi Schiel (4), Gerhard Fally (1)
»AUS FREUDE AM TÖTEN ...« – Andi Schiel (6)
TEUFEL IN MENSCHENGESTALT – Andi Schiel (6)

BILDREDAKTION KRONE-ARCHIV:
Martin Kriegel
Dr. Heidemarie Bauer